JN025446

はじめての法律学

第6版

HとJの物語

松井茂記・松宮孝明・曽野裕夫 [著]

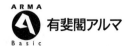

有斐閣アルマ

これは，
法をめぐる
Ｈ と Ｊ の
物語である

▼

▼

▼

細目次は，268 頁以下にあります。

épisode
1
一瞬のできごと

ほんの一瞬のことであった。Hの人生は，その一瞬を境にして大きく変わってしまった。

　ある夏の暑い日のことであった。
　有名私立大学の法学部に入学し，学生生活を謳歌していたHにとって，サークルの活動やコンパは，何よりも大切な時間であった。この日も，他の大学の同じサークルの人たちとコンパで楽しく盛り上がった。就職活動も終わり，大企業から内定をもらっている。大学の単位もそろった。大学を卒業すれば，来年からは晴れて社会人だ。
　「ねえ。ドライブに行こうよ」
　ビールを飲んで，ハイな気持ちで，サークル仲間の彼女をドライブに誘った。つきあい始めて2年，就職したら結婚もと考えていた。ワインをもって，夜の浜辺でロマンティックなデートだ。
　「最高！」
　Hは，夜の道路を窓をあけてとばした。こんなにすいているんだから，少しくらいとばしても大丈夫さ。
　信号が黄色に変わった。
　ええいかまうもんか。どうせこんな夜遅く横断歩道をわたる人なんているものか。
　ところが，交差点にさしかかったとき，信号が赤になり，横断歩道をわたろうとしている人がいた。

　あ！

　急ブレーキを踏んだ。しかし間に合わなかった。その人の体は，車に当たり，大きく宙に舞って，道路に落ちた。本当に一瞬のことであった。

Hと彼女は，怖くなってそのまま車をとばして逃げた。

「ああ，なんてことをしてしまったんだろう……」

Hは，アパートに戻って，電気もつけず，ガタガタ震えた。

あの人はどうなったんだろう。死んだんだろうか。警察に行こうか……。だめだ，そんなことしたら，人生おしまいだ。夜遅くのことだ。誰も見ていなかったかもしれない。彼女さえ黙っていてくれれば，ばれないですむかもしれない。

だが，Hの思ったようにはいかなかった。

翌朝の新聞に小さく事故の記事がのっていた。事故にあったのは，Jという女子学生で，意識不明の重体だという。しかも記事は，事故に目撃者がいたことを伝えていた。

警察は，目撃者の供述や，被害者の衣服に付着していた塗料，そして現場に落ちていた車の破片などから，車種を割り出した。刑事が，その車種の車の持ち主を1人ずつあたってゆく。

「すみません。ちょっと，おうかがいしたいことがあるんですが……」

「はあ？」

ついにHのところに捜査員がやってきた。

「お車の前のへこみ，どうされました？」

Hは事故を否定した。しかし，捜査員は説明を不審に思い，周辺調査も始めた。そして，Hの彼女のところにも捜査員が……。耐えきれずに，彼女は，事故のことを話してしまった。

Hは逮捕された。そして警察に勾留され，ひき逃げの容疑で取調べを受けた。事実を否定していたHも，彼女が事故のことを話したと知り，結局事実を認めざるをえなかった。

Hは起訴され，裁判を受けることになった。

第1章

なぜ罪を犯すと処罰されなければならないのか

刑法の基礎

犯罪は処罰されなければならない。Hも処罰されるべき人物の
ひとりである。しかし，現実には，警察に発覚した事件でも処罰
されない犯罪行為は多数存在する。また，死刑の執行や正当防衛
による殺人は犯罪ですらない。いったい犯罪とは何で，刑罰とは
何のためにあるのだろう。本章では，犯罪と刑罰を定める法律で
ある刑法について考える。

1 「犯罪」は処罰されなければならないか？

《これは夢だ。夢なんだ。明日になったら何もなかったことにな
っているんだ。そうに違いない。事故の晩，Hは布団にもぐり
こんで必死にそう思い込もうとしていた。》

> Hはどのような罪を
> 犯したのか？

Hは罪を犯した。それも，3つの意味で。
1つは，ビールを飲んで車を運転し，し
かもスピード違反も犯して，さらに交差
点の信号も無視したことである。これらは，いずれも道路交通法
違反として，罰金などの刑罰の対象となる行為である。それとも
う1つは，このような不注意な状態で車を運転してJをはね，負

傷させたことである。これによって，Hは，おそらく，過失運転致傷罪（自動車の運転により人を死傷させる行為等の処罰に関する法律〔以下，「自動車運転致死傷」と略す〕5条。2013年改正までは刑211条2項）を犯したことになる。それどころか，これがアルコールのために正常な運転が困難な状態であったり，赤信号をことさらに無視した運転であったりすれば，危険運転致傷罪（同法2条）として，さらに重い刑で処罰される可能性もある（→ *Column ②*「危険運転致死傷罪」）。加えて，アルコールの影響により運転中に正常な運転に支障が生じるおそれがあれば，2013年に新設された準危険運転致傷罪として，相当に重い刑で処罰される（同法3条）。

　最後の1つは，Hが警察にも報告せずJを放置して逃げたことである。道路交通法は，自動車事故で人を死傷させたり物を壊したりした場合に，その車の運転者や同乗者はただちに車を止めて負傷者を救護しなければならず，またその車の運転者は，最寄りの警察官に対し，事故の状況を報告しなければならないとしている（道交72条1項）。つまり，Hと彼女はJを救護しなければならず，しかもHは警察に事故を報告しなければならなかったのである。これを怠ると，この道路交通法上の「報告義務」と「救護義務」の違反として，やはり刑罰の対象となる。加えて，現場から逃げたことが飲酒運転での事故であったと発覚することを免れる目的であったと認められれば，アルコール等影響発覚免脱罪として，さらに重く処罰される（自動車運転致死傷4条。もっとも，憲法38条1項が黙秘権を保障していることや刑法104条が自己の刑事事件の証拠隠滅を処罰していないことから見て，犯人に証拠保全を強制するこの規定には批判がある）。

表 1-1　刑罰の種類

主刑	死刑	刑事施設内で絞首して生命を奪う刑 (刑11条)
	自由刑 懲役	刑事施設に収容し所定の作業を行わせる刑。有期は1ヵ月以上20年以下，無期は一生 (刑12条)
	自由刑 禁錮	刑事施設に収容し自由を奪う刑。有期は1ヵ月以上20年以下，無期は一生 (刑13条)
	自由刑 拘留	1日以上30日未満の間，刑事施設に収容する刑 (刑16条)
	財産刑 罰金	1万円以上の金額を支払う刑 (刑15条)
	財産刑 科料	1000円以上1万円未満の金額を支払う刑 (刑17条)
付加刑	没収	犯罪行為の一部となっている物や犯罪に利用した物，犯罪行為によって得た物やこれら没収対象物の対価として得た物などを奪う刑 (刑19条) これらの全部または一部を没収できないときは，代わりにその価格に見合う金額を徴収する追徴がなされる (刑19条の2)

「犯罪」とは？

　ところで，道路交通法には，以上のような「罪」のほかに，四輪車であれば運転席と助手席のシートベルト着用義務が，二輪車であればヘルメットの着用義務が規定されている。ところが，道路交通法をよく読むと，これらの義務の違反に対しては免許の点数がつくという形の「行政処分」はあるが，罰金や懲役といった「刑罰」は定められていない。

ここにいう「刑罰」とは，刑法9条に規定されている死刑，無期・有期の懲役・禁錮，罰金，拘留，科料と，これらに付随して科される没収だけである。その内容は**表1-1**のとおりである。

なお，刑罰について定めた刑法上の規定は，特別な規定のない限り，他の法令の罪についても適用されるものとされている（刑8条）。

「犯罪」とは，それを犯せば法律によって，以上のような「刑罰」が科されることになっているものをいう。同じく不利益な制裁であっても，運転免許の停止や取消しのような「行政処分」は「刑罰」ではない。したがって，「行政処分」の対象にしかならないシートベルトやヘルメットの着用義務違反は，厳密な意味では「犯罪」ではない。

反則金と罰金は違う

Hばかりでなく多くのドライバーが犯していると思われるスピード違反は，それが警察に発覚して検挙された場合，常に「刑罰」を科されているわけではない。実際には，そのほとんどは，道路交通法125条以下に規定されている「反則通告制度」によって，検挙の現場で示された青い切符にサインし郵便局で一定の金額を支払うことによって処理されている。このとき支払うお金を「罰金」だと思っている人は多いが，これは正確には「反則金」と呼ばれるもので，これを払えば刑事事件として裁判所に訴えられること（＝「起訴」）はない。

ところで，憲法31条*以下により，「刑罰」は必ず裁判所におい

＊「刑法」と「憲法」　ここにいう「刑法」には，①何が犯罪になりどのような刑罰が科されるかを規定する法律全体を指す場合（広義の刑法）と，②明治

て言い渡されなければならない。裁判を経ない刑罰は，現在では
ありえない。したがって，刑事事件として訴えられないというこ
とは，結局，刑罰を受けないということである。この制度によっ
て，本来は「犯罪」として「刑罰」を科されるべき多くの交通違
反は刑罰を受けないですむことになり，一方で大量の交通違反者
に刑罰を受けた記録（＝「前科」）がつかず，他方で大量の交通違
反がスムーズに処理されることになる。

　実は，多くの「犯罪」は，それが誰の目にも明らかであったと
しても，「刑罰」を受けない。これは，道路交通法違反に限った
話ではない。刑法上の犯罪のなかで検挙件数が最も多いのは窃盗
であるが，そのかなりの部分は，自転車泥棒などの事件である。
そして，その多くは，盗品を被害者に返還し謝罪することで，刑
事裁判にならずに警察のレベルで処理されている。これを「微罪
処分」という（刑訴246条但書）。同じく，交通事故でも被害者の
傷害が軽い場合は，被害者への謝罪と損害賠償の約束（＝「示
談」）が成立することなどを条件に，事件が不問に付されること
が多い。

40年に制定された「刑法」という名前の法律を指す場合（狭義の刑法）の2
通りがある。もっとも，後者の「刑法」の第1編「総則」は，他の法令の罪に
も適用される（刑8条）。他方，「憲法」（正確には「日本国憲法」）は国家のし
くみの基本を定めたものであり，その条規に反する法律の全部または一部は無
効となる（憲98条）。そして，「憲法」には法律の定める手続によらなければ
刑罰を科せられないとか（憲31条），残虐な刑罰は絶対に禁止するといった
（憲36条），広義の刑法に関わるルールが定めてある。したがって，刑法もま
た，これらの憲法上のルールに従って解釈・運用されなければならない。

2　刑罰の意味

《刑務所になんか入れられたらもう自分の人生はおしまいだ。就職もできないし家族も世間から白い目で見られる。事故現場から逃げたＨは，そんなふうに考えた。》

犯罪を処罰しないわけ

では，なぜ「犯罪」は処罰されたりされなかったりするのだろうか。それは，その犯人が「刑罰」を必要とする人物であるか否かによる。刑事訴訟法（以下，刑訴法と呼ぶ）には，「犯人の性格，年齢及び境遇，犯罪の軽重及び情状並びに犯罪後の情況により訴追を必要としないときは，公訴を提起しないことができる」と定められている（刑訴248条）。ここにいう「訴追」とは「起訴」と同じ意味で，ある人物を刑事の裁判所に訴えることであり，「公訴」とは，検察官が「訴追」をすることである。したがって，たとえば，犯人の盗んだ物がわずかで，ちゃんと被害者に返還して謝罪し，さらに自分の犯行を大いに反省しているといった場合には，検察官はこの犯人を裁判所に訴えなくてよいということである。

つまり，法律は，「犯罪」のあったことが明らかであっても，刑訴法に掲げられている諸事情から「訴追を必要としない」，したがって「処罰を必要としない」場合のあることを，正面から認めているのである。このように，一定の事情の下では「犯罪」を訴えなくてよいとする考え方を「起訴便宜主義」という（⇒第2章）。また，先の「微罪処分」がそうであるが，検察官があらか

じめ基準を定めて指定した事件については，警察は事件を検察官に送致しなくてもよい（刑訴246条但書）。

　さらに，刑法は，「犯罪」が起訴され裁判所で有罪判決が言い渡される場合でも，一定の事情があれば，「情状」つまり犯行や犯人をめぐる状況により刑を執行しなくてよいとしている。これを「刑の執行猶予」という（刑25条）。さらに，懲役または禁錮といった刑が現に執行されている場合でも，受刑者に「改悛の状」つまり罪を悔い改める様子がみられるときは，一定の刑期が経過した後に，仮に刑務所から出ることができる。これを「仮釈放」という（刑28条）。

　　　　　　　　　　　　　　このように，法律は，すべての「犯罪」
何のために処罰するのか　　　を例外なく処罰すべきだとはせず，一定の範囲で処罰しなくてよい「犯罪」の存在を認めている。では，処罰の必要・不必要を分けているのは何であろうか。

　そのためには，「刑罰の目的」を知らなければならない。これについては，現在，大きく分けて2つの考え方がある。第1は「応報刑論」と呼ばれるものであり，第2は「目的刑論」と呼ばれるものである。

　　　　　　　　　　　　　　まず，「応報刑論」とは，「刑罰は犯罪に
刑罰は「当然の報い」　　　　対する当然の報いであって，それ以外に目的をもたない」とする考え方である。刑罰は犯罪に対する報いであることそれ自体によって正当化されるというのである。もっとも，刑罰の対象となる犯罪は，あくまで犯人の自由な意思にもとづく責任のあるものでなければならず，責任能力のない子ども

や精神障害によって「心神喪失」（刑39条1項）となった者が生み出す危害は刑罰の対象とはならない（⇒**Focus** ①）。また，犯罪の報いである刑罰は，あくまで犯した責任に見合ったものでなければならない（「責任と刑罰の均衡」）。その意味で，応報刑論は，厳罰主義の行き過ぎを正す意味をもっている。

| 刑罰には「目的」がある |

しかし，「刑罰は犯罪に対する当然の報い」といっても，およそこの世に何の役にも立たず人を苦しめるだけという害悪（＝刑罰）が存在するというのは不合理である。そこで，刑罰や刑事制度は「応報」以外の何らかの社会にとって有益な「目的」をもつという考え方が出てくる。これが，つぎの「目的刑論」である。その「目的」の代表は，「犯罪の予防」である。

「犯罪の予防」のなかでも，社会の一般の人々が犯罪を犯さないことを目的とする考え方を「一般予防論」といい，処罰される犯罪者本人が犯罪を繰り返さないことを目的とする考え方を「特別予防論」という。

| 人々が罪を犯さない
ようにするため |

このうち，刑罰を見せしめとして用いて人々が犯罪を犯さないように威嚇するという意味での一般予防の考え方は，古くから，わが国の戦国時代や啓蒙主義以前のヨーロッパに存在した。はりつけ，火あぶりなどの公開処刑は，そのあらわれである。

これを「威嚇予防」ないし「消極的一般予防」という。このような考え方に対しては，これは脅して服従させるという意味で「人間を犬のように扱う」（ヘーゲル）ものであり，「人間の尊厳」

に矛盾するのではないかという批判が加えられた。これに対し，今日の一般予防論は，威嚇の側面よりも，法律による刑の予告や裁判での宣告によって「犯罪はよくないことだ」とする人々の規範意識を強化するという意味での「規範的予防」ないし「積極的一般予防」の側面を重視する。

犯人が罪を繰り返さないようにするため　特別予防論は，とくに19世紀のヨーロッパで発達した考え方で，産業革命に伴う都市のスラム化や貧困問題から生ずる窃盗などの常習犯罪者の対策を念頭に置いていた。そこでは，犯罪行為によって社会が受けた害悪に見合った刑罰を主張する応報刑論や一般予防論が批判され，犯罪者の犯罪性（たとえば，「空腹だと他人のパンを盗むことをやめることができない」性格）に見合った刑罰が科されるべきであるとされたのである。具体的には，犯罪性の軽い者には刑罰による「威嚇」で足り，中程度の者には刑務所による「改善」が，改善の不可能な重度の犯罪者には社会からの隔離による「無害化」が目指されるべきだとされたのである。そこで，一方では，「刑の執行猶予」制度（刑25条以下）や「仮釈放」制度（刑28条以下）が導入されることになったが，他方で，常習犯には犯した罪よりはるかに重い刑罰が正当化されることになった。そこで今日では，このような特別予防論の消極的側面を減らして，犯罪者がまともな社会人として社会に復帰できるための援助（職業訓練など）を刑罰の内容に盛り込む考え方（「社会復帰思想」）が有力である。

応報の範囲内で予防を

ところで，今日のわが国の通説は，「相対的応報刑」という考え方を採用している。これは，「刑罰は犯罪に対する報いである」という考え方を維持しながら，応報刑の範囲内で犯罪予防目的，とくに特別予防目的からみて必要のない刑罰は避けようとするものである。それゆえ，罪を犯したときには報いとして刑罰を受けなければならないが，初犯で反省しているとか刑務所での態度がよいといった場合には執行猶予や仮釈放が認められるとされる。

しかし，これに対しては，相対的とはいえ目的のない刑罰が正当化されるのかという問題がある。また，この考え方は人間の意思は何物にも決定されない部分があるとする「意思の自由」という考え方を前提にしているが，それにも疑問が提起されている。「応報の枠内での予防」というような二元主義的な考え方よりも，むしろ，「応報」自体が規範の動揺を鎮めるための手段だという形で「応報」と「予防」を「手段—目的」関係で捉えたほうがよいと思われる。

刑罰は規範を維持するための手段

つまり，次のように考えるべきである。刑事責任があるというためには，その行為者に，その行為を行ったことを非難できることが必要である。ここにいう「非難できる」とは，応報刑論によれば，行為者が思いとどまる自由がある状態でその行為を決断したこと，つまり行為をしようという意思が「強制」によるものではなく「自由」に生じたものであることが必要である。

問題は，ここにいう「自由」の意味である。それは，一方で，精神年齢が未熟で社会のルールがよくわからなかったり精神の障

害により理性的な行動ができなかったりする状態でなく（→刑39条・41条），かつ他方で，他人に脅迫されて思うとおりに行動できない状態でないことを意味するという点では，ほとんど争いはない。しかしそれを超えて，「空腹で貧困だからパンを盗んだ」という場合に，パン泥棒の意思は「自由」であったかと問われれば，たちまち意見が分かれることになる。ある人は，このパン泥棒は空腹と貧困によってパンを盗む意思を生じたのであり，彼には盗まない「自由」はなかったと主張するであろう。またある人は，空腹で貧困であってもパンを盗まずに福祉施設に援助を求める人はいるのであって，盗むか盗まないかは空腹と貧困だけでは決まらず，その意味で，盗むか盗まないかは彼の「自由」であったと主張するであろう。しかし，仮に泥棒の意思が空腹と貧困に決定されていたとしたら，彼に刑事責任は問えないのだろうか。また，盗まずに福祉施設に援助を求める人がいたとしても，この援助を求めるという意思も何かに決定されているのではないだろうか。

空腹と貧困でパンを盗む人間と盗まない人間との行動の差を考えてみると，その原因はおそらく，その人が「パンを盗んではいけない」というルールをどれぐらい大事と考えていたかにあるのであろう。これを「規範意識」というが，この規範意識の強さもまた，人々の行動や意思を決定する要素の1つである。

Hの場合には，彼女と楽しいときをすごしたかったとしても，ビールを飲んでドライブし，速度違反の高速で信号を無視して交差点に進入するというのはよくないことであるという人並みの規範意識があれば，飲酒運転，速度違反，信号無視という道路交通法違反は犯さなかったであろうし，また前方を注視して適切な速度で交差点に進入すべきだと思っていたら横断中のJの存在に気

づいて事故を避けられたであろう。さらに，人命を第1に考えた
なら，逃げずにJを病院に運ぶこともできたであろう。しかも，
これらの行動をするべきだったと非難されれば，Hもそうすべ
きだったと考えるであろう。このような意味で，Hにも「意思
の自由」はあったと考えられる。このような場合に非難として刑
罰をHに科すことは，「その犯罪をしてはいけない」という一般
の人々の規範意識を維持し，同時にH自身の規範意識を覚醒す
るための手段なのである（⇒*Column*①死刑）。

| 罪を犯す意思がなくても |
| 刑罰を受けることがある |

épisode 1 で交通事故を起こしたHは，
道路交通法違反のほかに，Jを負傷させ
たことに対する過失運転致傷罪（自動車
運転致死傷5条）または危険運転致傷罪等（同法2条・3条）の罪
責を負うと述べた。ところで，過失運転致死傷罪は，本来，人を
死傷させるつもりはなかったのにうっかり死傷させたという犯罪，
つまり「故意」（わざと）ではなくて「過失」で人を死傷させた
という犯罪である。これを「過失犯」という。

　問題は，刑法が，「罪を犯す意思がない行為は，罰しない」と
定めていることである（刑38条1項本文）。つまり，刑法は，犯
罪は「故意」で犯されるのが原則だと考えているのである。刑法
はなぜそう考えているのだろうか。そしてまた，それにもかかわ
らず人を死傷させた場合は，なぜ過失でも処罰されるのだろうか。

　刑法が犯罪者を処罰するのは，単に犯罪行為が他人に損害をも
たらしたからではない。その証拠に，うっかり他人の持ち物を壊
した場合，その損害を賠償する責任はあるが（民709条。⇒第3
章），刑罰は科されない。逆に，わいせつ物の販売のように，直

Column① 死 刑

　最高裁は憲法 36 条で禁止される「残虐な刑罰」には当たらない
としているものの（最大判 1948〔昭和 23〕・3・12 刑集 2 巻 3 号 191
頁），死刑は，規範的予防を重視する現代の刑罰論からは，異質な
ものとなりつつある。それどころかドイツでは，1977 年に憲法裁
判所において，仮釈放の可能性のない終身刑すら憲法違反とされ，
死刑に限らずおよそ受刑者の社会復帰を前提としないような刑罰
は，しだいに縮小される傾向にある。死刑や拷問の廃止を目指し
ている NGO アムネスティ・インターナショナルの調査によれば，
死刑廃止国は，10 年以上執行されていない事実上の廃止国を含
めて，2018 年にはすでに 142 にのぼっており，アメリカでも，
死刑廃止州が 20 を超えている。

　死刑存置の最大の論拠は，死刑は威嚇力が大きく殺人などの凶
悪犯罪の予防に不可欠であるというものである。ところが，諸外
国の比較では，凶悪犯罪の発生率は死刑の有無で顕著な差をみせ
ていない。逆に，刑事政策的には，死刑廃止国が死刑になる可能
性のある重大事件の被疑者を死刑存置国に引き渡さないとする政
策をとっており，死刑廃止国に逃亡した犯罪者を処罰できないと
いうデメリットを生んでいる。ヨーロッパでは，死刑制度を維持
している国は EU に加盟できず，ヨーロッパに隣接した死刑存置
国は，経済統合の面で不利な立場に立たされている。

　もっとも，死刑には被害者やその遺族，さらには社会の応報感
情——凶悪犯人はその命を奪われて当然であり，肉親を殺され惨
めな生活を強いられている立場からみれば，たとえ刑務所のなか
であっても生きているのは耐えられない，という感情——を満足
させるという機能もある。しかし，被害者やその遺族は，加害者
への憎しみの感情によってかえって自分自身の精神的な傷を深く
するという事実もある。したがって死刑廃止国では，近年，被害

者ないし遺族の生活保障や心理的ケアにも力を入れている。

～～～～～～～～～～～～～～～～～～～～～～～～～～～～～～～～

接には誰にも損害を与えていない行為でも処罰されることがある（刑175条）。

　刑法がある行為を犯罪として処罰するのは，その行為が社会における共同生活のルールを破るものだからである。より正確にいえば，そのようなルール破りに対して制裁が科されないと，ルールを破ってもひどい目にあわないのなら破ったほうが得だという不心得な人間が増えて，平穏な共同生活がなりたたなくなるからである。その意味で社会は，そのような「ルールを無視してよい」とする考え方を断固として否定する姿勢を示すために，故意犯には厳しい刑罰で臨むのである。しかし，たとえば他人の傘をうっかり自分の傘と間違えて持って帰ったという場合のように，ルール破りが無意識になされたことが事後に明らかになった場合には，間違いを認めて傘を返せば，それに対して重大な制裁を科さなくても，他人の傘の持ち帰りが模倣されてルール破りが横行する危険は小さい。つまり過失に対しては，損害賠償などの責任を課すことで足りる場合が多いのである。

　しかし，人の生命や健康といった重大な利益が害された場合には，たとえそれがうっかりなされたときでも，つまり「過失」でなされたときでも，これに対して制裁を科す必要がある。人の生命や健康という法益は，この社会では，それぐらい大事にすべきものなのである。言い換えれば，過失行為を処罰すべきなのは，人の生命や健康といった重大な利益に対する人々の配慮ないし尊重感情を維持して，仮にうっかりであっても，これらの利益が害

されないようにするためである。

　これを épisode 1 に即していえば，Hはビールを飲んで車を運転し，しかも「少しくらいとばしても大丈夫」とか，信号が変わっても「ええいかまうもんか。どうせこんな夜遅く横断歩道を渡る人なんているものか」というように，他人の生命に対する配慮を著しく欠いた心理状態で自動車運転という危険な行為をあえてしてJをはねた。このように他人の生命を軽視する姿勢で死傷事故を起こした場合には，故意で死傷させたわけではなくても，それなりに厳しい制裁を受けなければならないのである。

3　罪刑法定主義という大原則

《警察官や裁判官の機嫌を損ねると重い刑罰がまっているのだろうか。逮捕されたHは，ふと，そんなことを考えた。》

──────
「人の支配」と
「法の支配」
──────

王様や裁判官や警察官が，自分に失礼なふるまいをした人物を突然捕まえて，「おまえは死刑だ」といったらどうだろう。まるで漫画のような話ではあるが，支配者の意思が絶対だった「絶対主義」という時代は，極端にいえば，そういう時代だったのである。このように支配者の意思が絶対だという支配関係を，仮に「人の支配」と呼ぶことにしよう。このようにいえば，「法の支配」というのはどういう意味か，だいたい想像がつくであろう。それは，個人の恣意を離れた客観的な法が支配するという関係を意味する。それは，「法治主義」ないし「法治国家」という

言葉と，ほぼ同じ意味である。「法治国家」とは，国家の支配が客観的なルール（＝法）に則って行われている国という意味である。

　ついでにいえば，「法の支配」が維持されていることは，犯罪予防の観点からも重要である。なぜなら，どのようなルールを設けるかは，事前にかつ明確に決めておいたほうがいいからである。そうでないと，支配者の虫の居所が悪かった日に捕まった者だけが死刑になることになる。これでは，人々は反省するどころか運が悪かったとしか思わないであろう。そうなると，刑罰による犯罪予防の効果も疑問となる。

**自由主義と国民主権
（民主主義）**

　刑法における「法の支配」は，特別に「罪刑法定主義」（または「罪刑法定原則」）としてあらわれる。そこでは，「何が犯罪となり，それに対してどのような刑罰が科されるかは，あらかじめ法律で規定されていなければならない」とされるのである。もっとも，法律で規定するといっても，「悪いことをした者は処罰される」という条文では，罪刑法定主義を満たしたことにはならない。そのような条文では，どのような行為がどのような刑で処罰されるのかは，すべて裁判官という「人」によって決められることになり，事前の「公正な告知」にならないからである。

　その意味で，何が犯罪となるかは，もっと具体的に書かなければならない。命を害したのか健康を害したのか，それとも所有権を侵害したのかに応じて，殺人罪，傷害罪，窃盗罪というように，刑法は条文を書き分けなければならないのである。これは，個人に対する国家の干渉をできるだけ排除することが，社会の発展を

促すゆえんであるとする「自由主義」の要請にもとづき，国家が刑罰で干渉する範囲を明確に画するためである。

　同時に，犯罪と刑罰は「法律」で規定されなければならない。現場の警察官の発した命令や担当部局の通達で決めてはならないのである。これは，「法律」が国民の代表の集まりである議会で制定されるものであることから出てくる要請である。つまり，犯罪と刑罰は，主権者である国民が決めるのである。その意味で，罪刑法定主義は，「国民主権」ないし「民主主義」の要請でもある（⇒第6章）。

　この罪刑法定主義には，以下に述べるように，「法律主義」，「遡及処罰の禁止」，「類推禁止」，「絶対的不定期刑の禁止」，刑罰法規の「明確性」と「内容の適正性」という「派生原理」がある。

> ### 犯罪と刑罰は法律で決めなければならない

犯罪と刑罰は，議会で制定される「法律」で規定されなければならない。これを「法律主義」という。これは「国民主権」の要請であり，憲法の要求する「法律の定める手続」（憲31条）のなかには，この「法律主義」も含まれると解されている。もっとも，これは，社会の変化に迅速に対応するために，犯罪と刑罰に関するあまり重要でない事項について，法律が行政機関の命令や規則に委任することまでも禁止するものではない。憲法が，内閣の定める「政令には，特にその法律の委任がある場合を除いては，罰則を設けることができない」（憲73条6号但書）と規定するのは，裏返せば，法律の特定の委任がある場合は罰則を設けてもよいという趣旨である。

また，都道府県ないし市町村という地方公共団体については，憲法は「法律の範囲内で条例を制定することができる」(94条)と規定し，地方自治法は「その条例中に，条例に違反した者に対し，2年以下の懲役若しくは禁錮，100万円以下の罰金，拘留，科料若しくは没収の刑又は5万円以下の過料を科する旨の規定を設けることができる」(14条3項)と定めている。

あとから法律を作って処罰してはいけない

　犯罪と刑罰は「あらかじめ」法律で規定されていなければならない。特定の人物を罪責に陥れることを狙いとして，あとからその人の行為を処罰する規定を作ることを防止するためである。これを「遡及処罰の禁止」または「事後法の禁止」という。自由主義からの帰結の1つである。憲法が「何人も，実行の時に適法であった行為……については，刑事上の責任を問はれない」(39条)と規定するのも，同じ趣旨である。

　もっとも，遡及処罰の禁止は，あとから処罰規定を作る場合ばかりでなく，犯罪後に刑を重くする場合にも当てはまる。たとえば，ある行為の刑の上限が懲役10年であったのを，悲惨な事件が起こったことを理由に法改正によって無期懲役にまで引き上げたとしても，その事件の被告人に無期懲役を言い渡すことはできない。刑法が「犯罪後の法律によって刑の変更があったときは，その軽いものによる」(刑6条)としているのは，その趣旨を含んでいる。

似ているからといって
処罰してはいけない

ある規定の適用対象に似ているけれども異なるものに，その規定を適用することを「類推」という。たとえば，刑法134条は医師や薬剤師に対して業務上取り扱ったことについて知りえた人の秘密を漏らす行為を処罰しているが，この中には看護師が秘密を漏らすことは含まれていない（別途，保健師助産師看護師法に処罰規定がある）。このような場合に，看護師による秘密の漏示も医師や薬剤師によるそれと似たようなものだとして，刑法134条で秘密を漏示した看護師を処罰するのは類推である。このような類推は，一方で，看護師の秘密漏示は書かれていないから刑法134条では処罰されないとする人々の法律への信頼を害することになって自由主義に反し，他方で，裁判官が勝手に法律の内容を広げることになって「法律主義」，三権の分立ないし国民主権の要請に反する。

　もっとも，被告人に有利な類推は，必ずしも禁止されるわけではない。法律に書き忘れたからといって処罰に値しない人を処罰するのは，もっと不正義だからである。ゆえに，禁止されるのは，原則として，被告人に不利益な類推である。

刑の種類と程度について
も法律で決めなけれ
ばならない

現行法は，他人の財物を盗んだ者に対して10年以下の懲役または50万円以下の罰金を予定している（刑235条）。これを，「他人の財物を窃取した者は罰する」とか「懲役に処する」というふうに規定することは許されない。このように，ある犯罪に対して法律でおよそ刑の種類を決めなかったり，刑の程度を決めなかったりする場合を「絶対的不定期刑」という。これでは，

法律は，その行為にどのような刑罰がどの程度科されるのか決め
ていないことになるので，自由主義および国民主権のいずれから
みても，罪刑法定主義に反することになる。

**刑罰法規は明確で
なければならない**

「悪いことをした者は 3 年以下の懲役ま
たは 5 万円以下の罰金に処する」という
法律は，罪刑法定主義からみて，許され
ない。刑罰法規はどのような行為を対象とするか「明確」に規定
していなければならず，そうでないと憲法 31 条に違反すること
になる（明確性の理論）。

　もっとも，犯罪行為を事細かに規定しつくすことは，立法の目
的からみても立法技術からみても困難な場合が多い。また，殺人
罪であれば，毒殺や絞殺，撲殺，射殺といった殺害の手段を細か
に分けて，法定刑を決めておく合理性も少ない。そこで，刑罰法
規に要求される明確性は，いきおい，「ある程度の」ものにとど
まらざるをえない（徳島市公安条例事件＝最大判 1975〔昭和 50〕·9·
10 刑集 29 巻 8 号 489 頁を参照）。

**刑罰法規の内容は適正
でなければならない**

刑罰法規の処罰範囲は明確だが，それを
全部処罰するのは広すぎるといった場合
もある。18 歳未満の青少年との性交渉
はすべて 3 年以下の懲役で処罰するという法律は，たしかに明確
ではあるが内容としては「適正」とはいえないであろう。という
のも，現在の民法では，女性は 16 歳から婚姻できるのに（ただ
し，2022 年 4 月 1 日からは男女ともに 18 歳となる），これでは，せ
っかく婚姻しても妻の 18 歳の誕生日まではセックスはおあずけ

ということになりかねないからである。また，そうでなくても，18歳未満の人のセックスをすべて刑罰で禁止するというのは妥当でない。これでは処罰範囲は「広すぎる」のである。

このように，内容の不適正な刑罰法規は，一方では，文言上可能な限り適用範囲を限定して解釈されるか，あるいは，憲法上の何らかの人権規定に反するものとして無効とされることになる。また，具体的な人権規定はないが，およそ社会に害をもたらさない行為を処罰することは憲法31条に反するとする見解もある。このように，憲法31条の「適正手続」規定を刑罰法規の内容の適正さや先の明確性の根拠とすることを，「実体的デュー・プロセス」と呼ぶことがある。

4 犯罪の構造

《Hは，わざと歩行者をはねたわけではない。その点では，罪を犯す意思はなかった。これがうっかり他人の飼い犬をはねた場合なら，犯罪にはならなかったのだが……》

どのような場合に犯罪が成立するか

では，どのような場合に犯罪が成立し，刑罰が科されるのであろうか。

刑法の第1編「総則」には，刑法の適用範囲や刑罰の種類と内容，執行猶予や仮釈放，犯罪の不成立や刑の減免，未遂や共犯，刑の加重減軽の方法など，多くの犯罪に共通するルールが規定されている。このように，共通するルールを総則にまとめておくことは，膨大な条文に埋もれて適用罰条がわ

かりにくいという弊害を避けるのに有益である。同時に，それは犯罪が成立するかどうかを考えるときに，成立・不成立の要件を順を追って検討していくという思考の指針にもなる。

まず，犯罪が成立するためには犯罪の「構成要件」に該当しなければならない。

「構成要件」というもの
——犯罪成立の要件

たとえば，殺人罪は，刑法199条によって，「人を殺した者」と定義され，死刑，無期もしくは5年以上の有期懲役が科されることになっている。また，窃盗罪は，刑法235条によって，「他人の財物を窃取した者」と定義され，10年以下の懲役または50万円以下の罰金が予定されている。ここにいう，「人を殺した者」とか「他人の財物を窃取した者」といった犯罪成立の積極的な要件が「構成要件」である。この「構成要件」に当てはまる行為は，通常，刑法の総則35条以下にある犯罪の不成立理由に当てはまらない限り，犯罪として処罰される。

もっとも，それだけの意味なら，犯罪の構造は，犯罪成立の要件である「構成要件」とその不成立の理由との2段階で足

「違法」と「責任」
の区別——犯罪不
成立の要件

りるはずである。ところが，わが国の刑法学では，たいてい，犯罪不成立の部分は，「違法」（厳密には「違法性阻却」）と「責任」（厳密には「責任阻却」）という2つの部分に分けられている。たとえば，刑法では同じく「罰しない」とされているにもかかわらず，他人の急迫不正の侵害から正当な利益を守る「正当防衛」（刑36条1項）として人を殺した場合と，精神の障害によってやって良いことと悪いこととがわからなくなったり自分の行動をコ

ントロールできなくなったりする「心神喪失」（刑39条1項）の
状態で人を殺した場合とでは異なった扱いがなされる。前者は違
法性阻却（そきゃく）事由でありまったく適法な行為であるが，後者は責任
阻却事由にすぎず違法な行為であり，ただ刑罰による非難に適さ
ないだけだとされるのである（「事由」とは「理由」のことである）。

　このように違法と責任を区別しておくと，たとえば正当防衛の
成否に違いが出てくる。違法でない行為とは正当な行為なのであ
るから，この行為に対して正当防衛をすることはできない。これ
に対して，違法だが心神喪失状態のため責任のない行為に対して
は，正当防衛をすることができるのである。

違法性と違法性阻却

違法性が阻却される場合としては，先に
触れた正当防衛（刑36条。ただし，防衛
の程度を超えた場合は過剰防衛となり，情状により刑を軽減・免除さ
れるにとどまる）のほかに，法令または正当な業務による行為
（刑35条）がある。正当な利益に対する現在の危難を避けるため
にやむをえず第三者に害を加える行為（緊急避難。刑37条。ただ
し，この場合もその程度を超えるときは，情状により刑を軽減・免除
されるにとどまる）については，これを常に違法性が阻却される
場合だとする見解と，責任が阻却されるにすぎない場合を含むと
する見解が対立している。[*]

　＊可罰的違法性　　違法な行為で損害賠償などの理由となるものであっても，犯
　　罪として刑罰を科すに足りるほどの違法性がない場合，可罰的違法性を欠き，
　　処罰すべきでないことがある。たとえば，妻が夫以外の男性と性交渉をもった
　　場合には，戦前は姦通罪として処罰されたが，今は，夫に対する損害賠償責任
　　や強制的な離婚の理由とはなっても，犯罪とはならない。また，形式的には何
　　らかの犯罪の構成要件に当たる行為であっても，実質的にみると，刑罰の対象
　　とするには適さない行為もある。もっとも，具体的にどのような行為がそれに

| 責任と責任阻却 | これに対し責任が阻却される場合としては，故意を欠く場合（刑38条1項本文） |

がある。ただし，過失による行為でも，法律に特別の規定があれば処罰される（同項但書）。また先にみたように，心神喪失者の行為がある（刑39条1項）。ただし，心神喪失とまではいえないような「心神耗弱」の場合は，刑が減免されるにとどまる（同条2項）。事件が起きたときに，被告人の精神鑑定が争点となるのは，このためである。さらに14歳に満たない者の行為も罰せられない（刑41条）（⇒**Focus** ①刑罰を受けない人々）。

　故意（刑38条1項本文）や過失を欠く場合については，責任が阻却される場合だとするのが伝統的な考え方であるが，すでに故意犯や過失犯の構成要件に当たらないとする見解もある。

　さらに，具体的な状況の中で構成要件に該当する違法な行為を回避し適法な行為を行うことが期待できない場合にも，責任阻却が認められる。期待可能性の理論という。

| H の場合 | H は速度違反や信号無視，負傷者の救護義務と事故通報義務の違反という道路 |

交通法上の構成要件に該当する行為を犯した。これらについては正当業務行為（刑35条）や正当防衛（刑36条）などの違法性阻

　当たるかについては争いがある。

***原因において自由な行為**　刑法は責任主義の原則にたっているので，犯罪行為の時点で心神喪失となっている場合は，責任が阻却され，処罰は受けない。それゆえ麻薬などの薬物を使用して心神喪失となった状態で他人に危害を加えても，責任はないようにも思われる。しかし，これは明らかに妥当ではない。そこで，心神喪失状態で他人に危害を加えることがあることをわかっていて薬物を使用して他人に危害を加えた場合には，罪を免れないと考えられている。これは，原因において自由な行為と呼ばれる。

Column② 「危険運転致死傷罪」

　2001年11月28日に，刑法208条の2に「危険運転致死傷罪」が設けられ，その後の改正を経て，今日では，自動車運転致死傷法2条において，アルコールまたは薬物の影響により正常な運転が困難な状態で自動車を走行させ，よって，人を負傷させた者は15年以下の懲役に処し，人を死亡させた者は1年以上の有期懲役に処することとなった。また，その進行を制御することが困難な高速度等で，またはその進行を制御する技能を有しないで自動車を走行させ，よって人を死傷させた者も，同様に処罰され，さらに，人または車の通行を妨害する目的で走行中の自動車の直前に進入したり人または車に著しく接近したり，さらには赤信号等の信号をことさらに無視したり通行禁止道路を進行したりし，かつ，重大な交通の危険を生じさせる速度で自動車を運転し，よって人を死傷させた者も同様に処罰されることとされた。そのため，本書のHのような酒に酔い，速度違反を犯し，赤信号を無視して自動車で人を負傷させた行為に対しては，正常な運転が困難となるほど酔っていれば，この「危険運転致傷罪」が適用される可能性もある。加えて，2013年の改正によって，アルコールや薬物，または病気の影響により走行中に正常な運転に支障が生じるおそれがある状態で自動車を運転し，死傷事故を起こした場合には，準危険運転致死傷罪が成立することとなった。

　もっとも，過失運転致死傷罪を含めて，自動車による故意のない結果犯を特別扱いする規定を特別法に（しかも，判例では加重結果に過失を要しないとされる結果的加重犯の形態で）設けることに対しては，モーターボートや艦船による重過失事件にはこのような重罰規定はなく，これらによる軽傷事件に刑の免除の余地がないというアンバランスを考えただけでも疑問の残るところである。また，「危険運転致死傷罪」の施行後，ひき逃げ事件が激増するという問題も起きている。

却事由もなかったし，「罪を犯す意思」（＝故意）がなかったとか（刑38条1項本文）心神喪失の状態にあった（刑39条1項）といった事情もなかった（普通の人間は，少々酒に酔ったくらいでは，心神喪失にも心神耗弱にもならない）。同じく，歩行者をはねて負傷させた行為は過失運転致傷罪（自動車運転致死傷5条）や危険運転致傷罪等（同法2条・3条）の構成要件に該当し，違法性阻却事由や責任阻却事由もなかった。もちろん，傷害結果については故意はなかったが，過失傷害罪の規定は故意がなくても処罰する特別の規定であるから（刑38条1項但書），故意がなくても処罰を免れることはないし，危険運転致死傷罪等も，死傷結果については故意を要しない。

| 被害者が「脳死」だったら | ところで，Hのはねた被害者Jが臓器提供と「脳死」判定に同意する「ドナーカード」をもっており，病院で「脳死」と |

判定された場合には，Hの罪責は過失運転致死罪または危険運転致死罪等になるのだろうか。

　移植用臓器摘出の対象となる「死体」のなかに「脳死した者の身体」を含むとする臓器の移植に関する法律（以下，臓器移植法と呼ぶ）によれば，提供者または——提供者の意思が不明なときは——その遺族が臓器提供の意思と脳死判定に従う意思を表示している場合に，2人以上の医師が厚生労働省令で定められている基準によって，全脳の機能が不可逆的に停止するに至ったと判定した場合には，その身体から移植用の臓器を摘出することができるものとされている（臓器移植法6条1項以下）。

　もっとも，臓器移植法は臓器移植にだけかかわる特別法であっ

て，すべての法律関係に共通する「人の死」を定義するものではない。くわえて，この法律にいう「死体（脳死した者の身体を含む。以下同じ。）」（6条1項）という規定自体が，「脳死した者の身体」を「死体」であるとする多数意見と，「死体」ではないが本法の要件を満たす臓器移植に限って臓器の摘出を認めるという点で「死体」と同じ効果を認めたものだとする少数意見の妥協の産物であった。したがって，Hのはねた被害者Jが「脳死」判定を満たしたとしても，直ちに被害者は死亡したということはできない。もっとも，移植のために心臓が摘出された場合には，被害者は死亡したといってよいであろう（⇒*Column*③脳死と人の死）。

　なお，被害者Jが心臓摘出によって死亡したとすると，たとえ適法であったとしても，殺したのは心臓を摘出した医師であって，Hが死亡させたとはいえないのではないかという問題が起きる。しかし，ドナーカードをもった被害者を「脳死」状態に陥らせて心臓摘出という事態に追い込んだのはHであるから，Jの死亡についてもHは責任を負うというべきであろう（類似の事案に関するものとして，大阪地判1993〔平成5〕・7・9判時1473号156頁）。

> *Column*③　脳死と人の死 〜〜〜〜〜〜〜〜〜〜〜〜〜〜〜〜〜〜〜〜〜〜〜〜
>
> 　いわゆる「脳死」に対しては，現在の臨床的な脳死判定基準では，実際には脳機能の全廃を保証しえないとする批判や，そもそも「人の死」を脳機能の有無だけで判定することに対する疑問が提起されている。
>
> 　この問題は，1992年のドイツ・エアランゲンでの事件を契機に，あらためて注目を集めた。この事件では，妊娠継続のために，裁判所が脳死状態の妊婦に成年後見人を選任し，その承諾を得て医療が施された。残念ながら胎児は生きて生まれるまでには至らなかったが，問題は，裁判所が脳死状態の人に対しても後見人を

選任したことにあった。というのも，死者に後見人はつけられないので，脳死が人の死を意味するなら後見人の選任は不可能なはずだからである。

　ところで，脳死状態でも妊娠の継続がありうるのは，現在の臨床的な脳死判定基準はたいてい，妊娠を継続させたり血圧の低下を防いだりするための脳（とくに視床下部）の機能の停止までは必要条件としていないことによる。なぜなら，脳死判定基準は本来，患者の蘇生不可能性を判定するものであって，その状態で脳の機能がすべて停止したことまでは意味していないからである。つまり，脳死判定基準は脳の「すべての機能」の停止ではなくて，脳の「全体としての機能」の停止を判定するものなのである。したがって，真の問題は，このように脳の機能の一部は残っている可能性はあるが蘇生はもはや不可能だという状態を「人の死」といってよいかどうかにある（この問題に関して，アメリカでは，2008年に，あらたに「生命倫理に関する米大統領評議会白書」が公表された。上竹正躬訳『脳死論争で臓器移植はどうなるか』参照）。

࿄࿄࿄࿄࿄࿄࿄࿄࿄࿄࿄࿄࿄࿄࿄࿄࿄࿄࿄࿄࿄࿄࿄࿄࿄࿄࿄࿄࿄࿄

Focus ① 刑罰を受けない人々

1 責任無能力者

現行刑法では，精神の障害を理由とする心神喪失者や14歳未満の少年（少女を含む）は，「犯罪」の主体として刑罰を受けることはない（刑39条1項・41条）。これらの人々の逸脱行動に対しては，刑罰は適切な対応手段ではないからである。これらの人々を「責任無能力者」という。

2 心神喪失者の場合

まず，精神の障害を理由とする心神喪失者の逸脱行動に対処するには，懲罰的手段ではなく，行動の原因となる障害を除去することが最も有効である。そこで，自分を傷つけたり他人を害したりするおそれのある精神障害者に対しては，現行法は，強制的な入院と治療の制度を予定している（精神保健及び精神障害者福祉に関する法律29条以下にもとづく都道府県知事による措置入院や，心神喪失等の状態で重大な他害行為を行った者の医療及び観察等に関する法律による通院・入院処遇）。

なお，心神喪失とは，精神の障害により行為をやってよいかどうかの判断ができないか，あるいはやってはいけないとわかっていても自分の行動を抑えることができない場合をいう。これに対して，精神の障害により行為をやってよいかどうかの判断能力が著しく減退しているか，あるいはやってはいけないとわかっていても自分の行動を抑制する能力が著しく減退している場合は心神耗弱と呼ばれ，刑が必ず減軽される（刑39条2項）。

③ 少年の場合

　また，刑法は14歳未満の少年を処罰しないとしている（刑41条）。もっとも，実際には，18歳未満の未成年者が通常の刑罰を受けることは稀である。そのかわりに，罪を犯した少年ないし14歳に満たないで刑罰法規に触れる行為をした少年や将来罪を犯すおそれのある少年（これらを総称して非行少年という）に対しては，少年法が「保護処分」を予定している。これは，「少年の健全な育成を期し，非行のある少年に対して性格の矯正及び環境の調整に関する」ものであって（1条），具体的には，保護観察所の保護観察に付したり児童自立支援施設・少年院などへ送致することをいう（24条）。「保護」とは，少年を非行にかりたてる性格や環境からの少年の「保護」である。決して，少年を甘やかせる趣旨のものではない。

　少年に対してこのような特別な制度が用意されているのは，少年は環境の影響を受けやすく，また性格の矯正も容易なので，懲罰的な制裁よりも，教育的な措置のほうが，将来の犯罪の防止に有効だからである。逆に，少年に成人と同じ刑を科したら，具体的には成人犯罪者と同じ場所に入れたら，そこで暴力団とのつながりができたり，あるいは受刑者の虐待の対象になったりすることなどで犯罪性を深めることになり，かえってろくなことはない。したがって，少年の事件に対しては，犯した結果の重大性に目を奪われて重罰を求めるような態度は慎まなければならない。

④ 女性による売春の場合

　前の2つとは少し異なり，売春防止法は，刑罰に代わる強制措

置を規定している。すなわち，同法は，売春の勧誘などを処罰するとともに，このような罪を犯した成人の女性に対して，懲役または禁錮の刑の執行を猶予するときは，その者を婦人補導院に収容し，更生に必要な補導を行う「補導処分」に付すことができると規定しているのである（17条）。また，同法は婦人相談所を設けて，女性の保護更生をはかっている（34条以下）。これは，対象となる女性に売春以外の合法的な方法で生計を立てる可能性を開かせることによって売春の防止をはかることを目的としたものである。

「法とは何か」。法律に携わる人なら誰でも一度ならず頭を悩ませたことがある問題でしょう。

人が社会で生きてゆくためには，ルールが必要です。そのようなルールは，「社会規範」と呼ばれます。たいていそれは，まず慣習として形成されます。先例があり，それが慣習として守られていると，人々はそれが守られることを期待するようになるのです。でも，単なる慣習では，それに反する行為が行われても，それでおしまいです。そこで，しだいに，ルールに反する行為に制度化された制裁を加えるシステムができるようになります。つまり，ルールに反する行為が行われたかどうかを決定する人や決定のための手続ができるようになり，そしてそれによってルールに反する行為が行われたと判断された場合，制裁が加えられるようになるのです。これが，法だといってもよいと思います。

その後この慣習から形成されたルールは，「法律」として制定されるようになり，法はしだいに形成されるものから人によって作られるものへと変化します。そして，このような法を作る人や組織を定めるために，憲法が制定されるようになります。

このようにみれば，違反行為に対して科される制裁が法の不可欠の要素かどうかという昔からある争いは，あまり意味がないことがわかるでしょう。法の目的は，それに反するような行為が行われないようにすることです。皆が法を守ってそれにしたがって行動している限り，違反行為に対して科される制裁は隠れてしまいます。でも，違反行為が行われたときに制裁が科されなければ，破られたルールは法とはいえないでしょう。

第2章　罪を犯した H の裁判

刑事訴訟法の基礎

> 刑罰を受けるためには，その前に裁判が行われ，その人が罪を犯
> したことが証拠によって証明されなければならない。このような
> 裁判の進め方に関するルールを決めているのが刑事訴訟法である。
> 本章では，この刑事訴訟法について考える。

1　刑事裁判の進め方

《H は思った。自分は，酒に酔って車を運転して J をはねたこと
を認めたのだから，すぐに刑務所に送られるのだろうと。ところ
が，そうはならず，裁判官の前でも同じことをしゃべるようにと
言われた。しかも，警察署の留置場には弁護士がやってきて，自
分に不利なことはしゃべらなくてよいという。》

> H を処罰するには裁判
> をしなければならない

H は過失で J をはねて負傷させたことに
ついて，過失運転致傷罪または危険運転
致傷罪等を理由とする罰を受けなければ
ならない。しかも，これらの罪には，罰金ばかりでなく，懲役や
禁錮といった刑罰もあるので，ビールを飲んでスピード違反と信

号無視までしてJをはねたHには，交通刑務所での懲役という重い刑罰が待っている可能性がある。

　もっとも，Hをいきなり処罰することはできない。憲法31条は，「何人も，法律の定める手続によらなければ，その生命若しくは自由を奪はれ，又はその他の刑罰を科せられない」と規定しており，また憲法32条は「何人も，裁判所において裁判を受ける権利を奪はれない」と定め，さらに憲法37条1項は「すべて刑事事件においては，被告人は，公平な裁判所の迅速な公開裁判を受ける権利を有する」と定めている。したがって，刑事裁判を受けずにいきなり刑罰を受けることはない。憲法にこのような規定が設けられたのは，国家の独占する刑罰権が濫用されることを防止し，人々の自由を憲法レベルで手厚く保障するためである。

有罪判決までは無罪と推定される

　くわえてHは，刑事裁判で有罪が証明されない限り，刑罰を受けることはない。裁判でも有罪か無罪かはっきりしない場合には，処罰してはならないのである。1979年に発効した市民的及び政治的権利に関する国際規約という条約の14条2項は，「刑事上の罪に問われているすべての者は，法律に基づいて有罪とされるまでは，無罪と推定される権利を有する」と規定する。それは，「法律の定める手続によらなければ，……刑罰を科せられない」とする憲法31条の内容に含まれていたものでもある。

　同時に，この「無罪の推定」は，刑事裁判を進める必要上最低限の権利制限を除いては，裁判で有罪がはっきりするまでHは，罪を犯していない普通の市民と同じように扱われなければならないということをも意味している。したがって，裁判所に起訴され

る前の捜査の段階では，Hを「犯人」と呼んではならない。一般に，罪を犯したと疑われている人物は，起訴前であれば「被疑者」，起訴後であれば「被告人」と呼ばれる。

捜査，公訴，公判

ところで，Hのような被疑者が存在する場合には，まず，警察官などによってその人物が罪を犯したことを証明するに足りる証拠の収集が行われる。これを「捜査」という。捜査を行う警察官（刑事など）を司法警察職員という（刑訴189条）。捜査によって犯罪を証明できる証拠が集まったと考えられる場合には，通常，事件は捜査記録とともに検察庁に送られる。検察庁では，検察官が記録をみて，裁判で有罪を証明できる十分な見込みがあると考えれば，被疑者を裁判所に起訴する。検察官が起こす訴えを「公訴」という（刑訴247条）。ここから被疑者は「被告人」となる。

被告人が裁判所に起訴されると，裁判所は期日を定めて法廷を開き審理を開始する。これを「公判」という。公判では，起訴状の朗読や検察官の冒頭陳述，被告人による罪状認否などの「冒頭手続」を経たあと，必要があれば「公判前整理手続」を経て，裁判所による証拠調べが行われる。証拠調べが終了すれば，検察官はその立場から，証明されたと思われる事実および法律の適用について意見を述べる。検察官によるこの主張を「論告」といい，これに続いて刑罰を求める「求刑」が行われる。さらに，被告人と弁護人も意見を述べる。弁護人が述べる意見は「最終弁論」，被告人が述べるそれは「最終陳述」と呼ばれる。その後，裁判所は事件について有罪・無罪の判決を言い渡す。起訴後のこれらの手続は，総称して「公判手続」と呼ばれる。

2 捜　査

《じゃあ，どうして有罪が決まる前に，Hは警察に逮捕されて自由を奪われるのだろう。》

| 未決と既決 |

épisode 1 でHは，裁判で有罪が決まる前に，警察に逮捕され勾留され取調べ（とりしら）まで受けている。つまり，有罪が決まる前に刑事施設またはその代用としての警察署の留置場（刑事収容施設及び被収容者等の処遇に関する法律〔以下，刑事収容と略す〕15条1項）に閉じこめられて自由を奪われているのである。このように，裁判で有罪が決まる前（これを俗に「未決」という。これに対して，裁判で有罪が決まった後（あと）を「既決」という）から自由が奪われるのはなぜだろうか。＊

| 逮　捕 |

憲法33条には，「何人も，現行犯として逮捕される場合を除いては，権限を有する司法官憲が発し，且つ理由となってゐる犯罪を明示する令状によらなければ，逮捕されない」と書かれている。言い換えれば，

＊**任意同行**　被疑者の自由意思で警察署まで警察官とともに行くことを「任意同行」という。被疑者が強制されずに自分で判断して行くのだから逮捕状はいらないかわりに，被疑者がいやだったら同行する義務はない。もっとも，現実には，警察官が執拗に同行を要求するので根負けしたり，任意に同行しなければ緊急逮捕されると思わされたりして同行するなど，素人からみれば「任意」には程遠い場合がかなりある。さらには執拗に同行を迫る警察官を押しのけたりする行為が「公務執行妨害罪」（刑95条）の現行犯に当たるとして逮捕されたりすることもないではない。

図2-1　刑事訴訟手続の概要

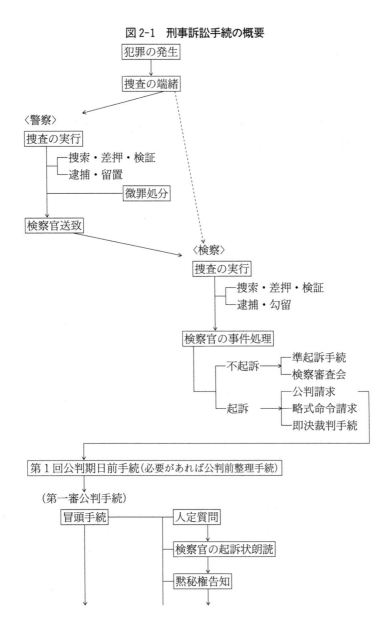

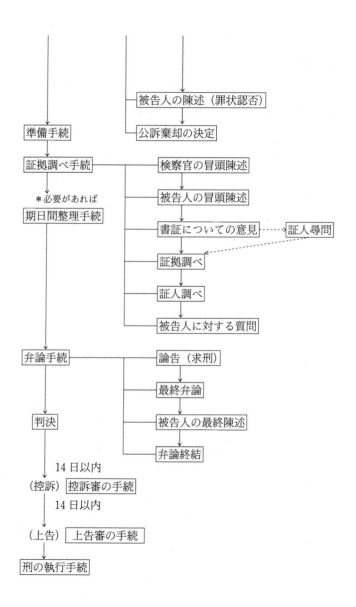

被告人の陳述（罪状認否）

準備手続 ── 公訴棄却の決定

証拠調べ手続 ── 検察官の冒頭陳述

 ── 被告人の冒頭陳述

*必要があれば
期日間整理手続 ── 書証についての意見 ┈┈→ 証人尋問

 ── 証拠調べ

 ── 証人調べ

 ── 被告人に対する質問

弁論手続 ── 論告（求刑）

 ── 最終弁論

 ── 被告人の最終陳述

判決 ── 弁論終結

14 日以内

（控訴）控訴審の手続

14 日以内

（上告）上告審の手続

刑の執行手続

「現行犯」つまり罪を犯している最中や直後であれば令状がなくても逮捕されるし，そうでなくても令状があれば逮捕されるのである。憲法が現行犯以外の場合に逮捕に令状を要求しているのは，市民の身体の拘束を，できるだけ裁判所のコントロールの下に置こうとしたからである。

　これを受けて刑事訴訟法は，裁判官の発する令状（刑事訴訟法では「逮捕状」）にもとづいて，および現行犯を理由に，人を逮捕できる場合を定めている（令状逮捕については刑訴199条から209条まで，現行犯逮捕については刑訴212条から217条まで）。さらに，緊急で裁判官の令状を求めることができない場合には，事後に令状を求めることを条件に，被疑者の逮捕を認めている（刑訴210条）。これを「緊急逮捕」という。「緊急逮捕」は，それが憲法33条の規定に違反していないかどうかについて争いがある。

　警察官が被疑者を逮捕した場合には，留置の必要があれば48時間以内に，書類および証拠物とともに被疑者の身柄を検察官に送致しなければならない（刑訴203条）。検察官は，さらに留置の必要があれば，被疑者を受け取ったときから24時間以内に，裁判官に被疑者の勾留を請求しなければならない（刑訴205条1項）。これは，令状制度と並んで，逮捕に伴う身体の拘束をできるだけ早い時点で裁判所のコントロールの下に置き，不必要な拘束や不当な拘束を行わせないためである。また，私人が現行犯人を逮捕したときは，直ちに犯人を検察官または警察官に引き渡さなければならない（刑訴214条）。これによって，私人による現行犯逮捕も裁判所のコントロールの対象となることになる。

| 勾 留 | 「勾留*」とは，被疑者や被告人を勾留場所に留置して，その自由を奪うことである。 |

裁判所または裁判官は，被疑者や被告人が罪を犯したことを疑うに足りる相当な理由がある場合で以下のいずれかに当たるときは，これを勾留することができる。すなわち，(1)被疑者・被告人が定まった住居をもたないとき，(2)被疑者・被告人が罪証を隠滅すると疑うに足りる相当な理由があるとき，(3)被疑者・被告人が逃亡しまたは逃亡すると疑うに足りる相当な理由があるとき，のいずれかである（刑訴60条1項）。ちなみに，ひき逃げをしたHは(2)と(3)の理由で勾留された。

勾留の期間は，起訴後であれば公訴提起から2ヵ月で，とくに継続の必要があるときは1ヵ月ごとに更新できる（刑訴60条2項）。これに対し，起訴前の勾留期間は10日間に限られており，やむをえない理由がある場合に限り10日間延長することができる（刑訴208条）。もっとも，内乱や騒乱などの重大な犯罪に限っては，さらに5日間の延長が可能である（刑訴208条の2）。

問題は，勾留の場所である。本来，被疑者・被告人は，法務省管轄下の刑事施設（拘置所および拘置支所をいう）に勾留されることとされている（刑事収容3条）。しかし，これには，警察署にある留置場を刑事施設に代用させてよいとする例外規定がある（刑事収容15条1項。これを俗に「代用監獄」または「代用刑事施設」という）。しかも現実には，起訴前の段階ではほとんどの被疑者

*勾留と拘留　刑事訴訟法にいう「勾留」は，刑罰の一種である「拘留」と区別されなければならない。後に述べるように，「勾留」はあくまで，被疑者・被告人が証拠を隠滅したり逃亡したりするものと疑うに足りる相当な理由があるときに（⇒刑訴60条），それを防止して刑事手続の遂行を確保するための，未決段階でのやむを得ない自由剥奪である。この勾留は，疑いをかけられている各罪ごとに行われる（「一罪一勾留の原則」）。

が，この留置場つまり「代用監獄」に勾留されている。épisode 1
でもHは留置場に勾留された。このように捜査機関の下に被疑
者の身柄を置くことは，次に述べる被疑者の取調べに当たって虚
偽の自白を引き出す危険を高め，冤罪の温床となるとの声があり，
憲法 31 条および市民的及び政治的権利に関する国際規約 9 条の
解釈としても許されないとの指摘もある。

身柄の拘束と
無罪の推定

　裁判で有罪が確定するまでは，被疑者・
被告人は「無罪と推定される権利」をも
つ。したがって，本来であれば，被疑
者・被告人は一般の市民と同様に自由でなければならないはずで
ある。しかし，憲法や刑事訴訟法は，例外的に刑事手続の確保に
必要な限りで，被疑者・被告人の自由を奪い，その身柄を拘束す
ることを認めている。言い換えれば，被疑者・被告人の裁判を進
め犯罪行為を証明して処罰することにとって必要がなければ，身
柄の確保は正当化されないのである。現に，憲法 31 条を具体化
する市民的及び政治的権利に関する国際規約 9 条 3 項 2 文では，
「裁判に付される者を抑留することが原則であってはならず」と
定めている。続けてこの規定は，「釈放に当たっては，裁判その他
の司法上の手続のすべての段階における出頭及び必要な場合にお
ける判決の執行のための出頭が保証されることを条件とすること
ができる」と定めている。保釈保証金などの担保をとることで手
続が確保されるなら，身柄の拘束は必要ないのである。もっとも，
現行法は起訴後の保釈しか認めていない（刑訴 207 条 1 項但書）。
また，起訴後の保釈も，被害者の証人尋問が終わるまで認められ
ない場合が多く，被疑者・被告人の防御に支障をきたすこともあ

る。このような傾向は，「人質司法」と呼ばれて批判されること
もある。

取 調 べ

　捜査機関は，捜査の目的を達するため必要な取調べをすることができる（刑訴197条1項）。「取り調べる」とは，一般に，「詳しく調べる」「詳しく尋ねる」という意味である。しかし，公判前の「取調べ」といえば，それは特殊に被疑者（刑訴198条）や被害者・目撃者などの被疑者以外の者（刑訴223条。これを「参考人」という）に，事件について詳しく尋ねることを意味する。épisode 1 で H は逮捕され警察に勾留されている間，ひき逃げの容疑で取調べを受けたが，ここにいう取調べは，被疑者に事件について詳しく尋ねることである。

　一般に，取調べを相手方に強制することはできない。相手方は，取調べのための捜査機関の出頭要請に対して，出頭を拒み，または出頭後，いつでも退去することができる。ただし，それは，逮捕または勾留されている場合を除いてである（刑訴198条1項但書・223条2項）。実務では，この但書は，逮捕または勾留されている者には取調べを受忍する義務がある，と解されているようである。

　これは，具体的には，逮捕または勾留中の被疑者は，たとえば体調が悪くても捜査機関の出頭要請を拒むことはできないし，取調べ中は気分が悪くなってもその場から退去する自由がないということを意味する。また，前述のように，ほとんどの被疑者の勾留場所が「代用監獄」としての警察署の留置場であることが，時間的に無理な取調べを誘発する。したがって，これでは，被疑者に憲法38条1項や刑訴法198条2項で保障された「自分にとって不利益な供述を拒む権利」，つまり「黙秘権」の意味がなくな

　すべての人は，自由を奪われるときには直ちに弁護人に依頼する権利を与えられるし（憲34条1項），そうでなくても，被疑者・被告人はいつでも弁護人を選任することができる（刑訴30条）。通常，この弁護人は，弁護士でなければならない（刑訴31条1項）。さらに，被告人が貧困などの理由で弁護人を選任できない場合には，裁判所が弁護人を選任する（憲37条3項，刑訴36条）。これを「国選弁護人制度」という。

　以前は，起訴前の被疑者の段階では，この「国選弁護人制度」がなかった。もちろん，知り合いの弁護士がいれば，その人物と連絡を取って弁護人になってもらうことはできるが（「私選弁護」），多くの人々にとって，弁護士に知り合いがいないというのが，日本の現状である。ところが，被疑者・被告人が専門家の援助を最も必要とするのは，「代用監獄」（「代用刑事施設」）での過酷な取調べが行われる起訴前の段階なのである。

　このように起訴前の弁護制度が手薄な現状を改善するために，1990年から各地の弁護士会で「当番弁護士制度」がはじまり全国に広がった。これは，事前に当番表によって担当日を割り当てられた弁護士や弁護人推薦名簿に登録されている弁護士（「当番弁護士」）が，逮捕などによって身柄を拘束された被疑者やその家族などから弁護士会になされた面会依頼に応じて，被疑者のいる警察署などに出向いて面会し（「接見」），助言・援助を与える制度である。この最初の接見は無料で，被疑者の依頼があれば当番弁護士が自ら私選弁護人となることができる。さらに，2004年の改正によって，勾留後，起訴前の被疑者にも，一定の場合に「国選弁護人」を付することができるようになり，2016年の改正では被疑者が勾留された全事件に拡大された（刑訴203条・204条）。

～～～～～～～～～～～～～～～～～～～～～～～～～～～～～～～～～～

ってしまうとの指摘がある。「自白」が終わるまでは体調が悪くても取調室から出られないし，取調べがいつ終わるかもわからないからである（⇒*Column*④国選弁護人制度）。

| 取調べの可視化 |

2016（平成28）年の改正により，裁判員裁判対象事件等一定の重大事件については，警察および検察は逮捕・勾留されている被疑者の取調べを行うときは，その全過程を録音・録画することが義務付けられることとなった。これは，無理な取調べによって被疑者がやっていない犯罪を自白させられたり（虚偽自白），その他，任意でない自白をさせられたりする危険を防止するためである。また，公判段階で被告人の供述の任意性が争われた場合には取調べを録音・録画した記録媒体の証拠調べを請求しなくてはならないものとされた（刑訴301条の2）。もっとも，やむを得ない事情によってこの記録媒体が存在しないときは請求しなくてよいとされるなど，例外範囲の広いことに問題が残されている。

3　公訴と公判準備
●裁判の前にしなければならないこと

《どうして被害者やその家族ではなく，検察官が訴えを起こすのだろう。》

| 公　訴 |

検察官が，罪を犯したと疑われる人物（被疑者）を，その処罰を求めて裁判所に訴えることを「公訴*」という。これに対して，被害者などの一

般市民が被疑者の処罰を求めて裁判所に訴えることを「私訴」という。ドイツやフランスには私訴制度があるが，わが国の現行法では，これは認められていない。処罰を求める訴えが，被害者やその家族ではなく，検察官によって起こされなければならない理由は，刑罰というものが個人の被害の救済を目的とするものではなく，社会における人々の共存を保障する法秩序を維持するためのものだというところにある。このようなパブリックな目的のための裁判であれば，その訴えを起こすのはパブリックな利益の代弁者がふさわしい。検察官は，このような役割を果たすことを期待されているのである。

犯罪の嫌疑が十分でも起訴されないことがある

ところで，第1章で述べたように，検察官は被疑者が罪を犯したと認めるに足る十分な証拠がある場合でも，「犯人の性格，年齢及び境遇，犯罪の軽重及び情状並びに犯罪後の情況により訴追を必要としないときは，公訴を提起しないことができる」（刑訴248条。「起訴猶予処分」）。このように，検察官に公訴をするかしないかの裁量権を与える考え方を「起訴便宜主義」といい，

＊公訴の時効　　以前は，刑事ドラマや推理小説などで，殺人犯人があと数日で時効になって処罰できなくなるといった話が出てくることがあった。刑法31条以下には，有罪判決で言い渡された刑についての時効も規定されているが，ドラマなどで出てくる「時効」は，おもに刑訴法250条の公訴の時効のことである。時効が完成すれば，もはやその犯罪を理由として犯人を起訴することはできなくなる。このような制度が設けられている根拠は，時間の経過とともに証拠が散逸して裁判が困難になるとか，その間に形成された犯人の社会生活の安定をみだりに害しないとか，犯罪に対する人々の応報感情が鎮静化することで処罰の必要性がなくなるなどの理由で，その事件についての犯人に対する刑罰権が消滅するからだと考えられている。もっとも，殺人罪など，法定刑に死刑のある重大犯罪については，2010年に時効が廃止された。なお，民法の時効については，→第4章。

逆に，犯罪の十分な嫌疑があれば必ず公訴を提起しなければならないという考え方を「起訴法定主義」という。

起訴便宜主義による起訴猶予は，一方で，軽微な事件で処罰の必要のないときに，被疑者に裁判の負担をかけず裁判所の手を煩わせないで，刑事司法の柔軟かつ妥当な運用を可能にするという長所をもつ。しかし他方で，起訴猶予の基準が法律によって明確にルール化され公平な第三者による審査が可能でないと，その恣意的な運用を招き，「法の支配」や「法治主義」を逸脱する結果を導くことがある。このような弊害を防ぐために，検察審査会法は，検察審査会による不起訴処分の審査を定め，さらに刑訴法は，公務員による職権濫用（刑193条以下）については，裁判所の職権で事件を審判に付し弁護士が検察官役を担う準起訴手続を定めている（刑訴262条以下）。さらに，検察審査会の2度目の起訴相当議決にも，同様の拘束力が与えられており，裁判所が指定する弁護士（指定弁護士）が検察官役を担うものとされている。

| 交通事故はあまり 起訴されない |

なお，交通事故関係の過失致死傷では，1987年以降起訴率は大幅に低下しており，近年の過失運転致死傷等の起訴率は10%程度である。この低い起訴率の理由としては，(1)軽微な事故について多数の人々が刑事罰の対象となることは，刑罰のあり方としては好ましくないこと，(2)保険制度が普及し，治療費や修繕費に対する保険による補償が充実してきたことに伴い，加害者が起訴されなくても被害者が納得する場合が多いこと，(3)交通事故の防止は，刑罰のみに頼るべきものではなく，免許点数制度など，行政上の規制をはじめ，各種の総合的な対策を講ずることに

図 2-2 起訴状（例）

起 訴 状

平成 22 年 4 月 15 日

愛知地方裁判所　　殿

愛知地方検察庁

検察官　検事　板谷和三

下記被告事件につき公訴を提起する。

記

本　籍　名古屋市千種区本郷町 1 丁目 3 番 20 号

住　所　上同所

職　業　会社員

勾留中　　長江英三

昭和 31 年 3 月 5 日生

公 訴 事 実

　被告人は，平成 22 年 4 月 3 日午後 4 時ころ，名古屋市千種区田代町 39 番地東山公園内において，杉江正一（当時 32 年）に対し，鉄製の杭で同人の頭部及び両腕を数回殴打し，よって同人に対し全治 10 日間を要する前頭部挫傷，右肘挫傷，左上腕部打撲の傷害を負わせたものである。

罪名及び罰条

傷　害　　刑法第 204 条

（出所）田口守一編『資料刑事訴訟法（改訂版）』126 頁をもとに作成。

よって達成されるべきものであること，(4)交通関係の過失致死傷に対しては，従来から，その多くが略式手続によって小額の罰金で処理されてきたが，このような事態は，罰金の刑罰としての「感銘力」を損ない，刑事司法全体を軽視する風潮を招く危険があること，などが挙げられている（『平成 10 年版犯罪白書』91 頁以下）。

しかしHは，ひき逃げをするのは悪質であるとして正式起訴された。

<hr/>

公判の準備

正式に裁判を開いて証拠を調べたり判決を言い渡したりする手続を「公判」という。刑事事件において公判を開くためには，まず被告人となる人物に起訴状の写し（「起訴状謄本」）を送達しなければならない（刑訴271条1項）。同時に，被告人に弁護人がついているかどうかを問い合わせ，ついていないときには，裁判所は被告人に弁護人を選ぶ権利があること（刑訴272条），自分で弁護人を選ぶことができないときは国で弁護人を選ぶよう請求できること（刑訴36条）を知らせなければならない。また，一定の重大事件では，弁護人なしで公判を開くことはできない（刑訴289条）。

なお，裁判所は，充実した公判の審理を継続的，計画的かつ迅速に行うため必要があると認めるときは，当事者の意見を聞いて，事件の争点および証拠を整理するための公判準備として，事件を「公判前整理手続」に付することができる（刑訴316条の2）。さらに，裁判員裁判では，事件は必ず「公判前整理手続」に付さなければならない（裁判員の参加する刑事裁判に関する法律49条）。

公判の期日は裁判長が指定する（刑訴273条）。検察官および弁護人の都合などを確かめたうえで期日指定をするのが普通である。検察官，弁護人らは，第1回の公判期日までにできるかぎり証拠を収集し整理して，裁判が迅速に行われるよう準備しなければならない。その際，検察官は，公判で取調べを請求する予定の証拠書類や証拠物については，なるべくすみやかに被告人または弁護人に閲覧の機会を与えなければならない（⇒*Column*⑤証拠開示）。

Column⑤ 証拠開示 ～～～～～～～～～～～～～～～～～～～～～～～～～～～～～～

　弁護人は，起訴後は，裁判所にある証拠書類，証拠物を閲覧し
謄写する権利をもつが（刑訴40条・299条），検察官が手元に置
いている証拠，とくに公判で取調べを請求する予定のない証拠に
ついては，2004年改正までは，その開示に関する明文規定はな
かった（もっとも，実際には，弁護人に閲覧させることが多かっ
た）。そこで，たとえば「松川事件」では，被告人のアリバイを
証明するメモなどが検察官の手元にあるのに，検察官がこのメモ
の開示を拒否することによって，無実の人間が死刑にされそうに
なった。「松川事件」とは，1949年に福島県松川駅近くで起こっ
た列車転覆事件であり，当時の国鉄の労働組合員ら20名が被告
人として起訴されたが，そのアリバイを証明するメモ（「諏訪メ
モ」）の存在が最高裁の段階で初めて明らかになり，最終的に全
員が無罪となったものである。そこで，何らかの方法で検察官の
手持ち証拠を弁護人に開示させること（証拠開示）ができないか
という問題が生ずる。

　これについては，2004年改正まででも，証拠調べの段階で弁
護人から具体的必要性を示して一定の証拠閲覧の申し出があれば，
裁判所の訴訟指揮権（刑訴294条）にもとづいて，検察官に対し，
その証拠を弁護人に閲覧させるよう命ずることができるとされて
いた。また，2004年改正後は公判前整理手続の中で，検察官の
請求する証拠の証明力を判断するために，一定の条件の下で，検
察官手持ち証拠の開示が義務づけられるようになった。もっとも，
検察官の手元にどのような証拠があるのかが，あらかじめ弁護人
にわかっていないときには，この方法では解決にならない。そこ
で，2016年の改正では，被告人側からの請求があるときは，検
察官に，保管証拠の一覧表の交付が義務づけられることとなり，
あわせて検察官が請求した証拠物に係る差押調書等も開示対象と
して追加された（刑訴316条の14以下）。

～～～～～～～～～～～～～～～～～～～～～～～～～～～～～～～～～～～～

4 公判手続

●いよいよ裁判が始まる

《Hは，裁判長の前で，自分の本名と生年月日，職業，住所，本籍などを尋ねられた。続いて起訴状が朗読された後，裁判長はHに，終始沈黙し，または個々の質問に対し陳述を拒むことができるし，陳述すれば有利な証拠になることもあるし不利な証拠になることもあると告げた。》

冒頭手続

裁判の初日，第1回公判では，まず裁判長はHに，被告人としてここにいるのが，起訴状に記載されているH本人であることを確認するための質問をする。これを「人定質問」という。具体的には，起訴状に書かれている氏名・生年月日・職業・住所または居所・本籍などについて，被告人に確認するという手続がとられる。

人定質問に続いて，検察官が，Hの犯した罪となるべき事実を記載した起訴状を朗読する。Hが飲酒したうえ制限速度に違反して車を運転し，赤信号を無視しつつ前方不注意で横断歩道を通行中の女子学生をはねて意識不明の重傷を負わせたこと，それにもかかわらず被害者を助けずに現場から逃げ去ったことなどが述べられ，これらがそれぞれ準危険運転致傷罪や道路交通法違反にあたると主張される（アルコール等影響発覚免脱罪での起訴は，発覚免脱目的が認められないとして見送られた）。

起訴状朗読に続いて，裁判長は被告人に，終始沈黙し，または個々の質問に対し陳述を拒むことができるし，陳述すれば有利な

証拠になることもあるし不利な証拠になることもあると告げて，被告人と弁護人双方に陳述する機会を与える（刑訴291条2項）。これは，俗に「罪状認否」と呼ばれる。たいていは，ここで被告人または弁護人から起訴事実のどの部分について争うかが明らかにされるが，場合によっては，警察の捜査に違法行為があったとか検察官の起訴に不平等な取扱いがあったという理由で，起訴自体が違法・無効だと主張されることもある。これを「公訴権濫用」の主張という。

《「証拠調べ手続に入ります。検察官は冒頭陳述をしてください」裁判長がそういった。検察官は，Hが卒業前のコンパで浮かれて彼女とドライブに出かけ，アルコールの影響によりその走行中に正常な運転に支障が生じるおそれがある状態で速度違反を犯しながら赤信号で交差点に進入してJをはね，そのまま逃げたことを，あらためて詳しく述べた。》

| 証拠調べ |

場合によっては公判前整理手続を経た後（刑訴292条），冒頭手続が終わると，検察官と被告人または弁護人の冒頭陳述が行われる（刑訴296条）。検察官の冒頭陳述は，これから証拠にもとづいて立証しようとする事実を明らかにするもので，起訴状に記載されている事実をより詳しく述べたものになるのが普通である。被告人または弁護人の冒頭陳述は必ず行われるものではなく，また，実務上は検察官側の証拠調べが終わった段階で行われることが多い。

冒頭陳述に続いて検察官からの証拠調べ請求にもとづき，起訴された事実に関する証明が行われる。なお，被告人の自白は，犯

罪事実に関する他の証拠が取り調べられた後に請求すべきものとされている（刑訴301条）。これが終わると，被告人または弁護人が，被告人に有利な証拠調べを請求することができる。裁判所の職権による証拠調べは補充的なものである（刑訴298条）。

　証拠調べの請求に対して，裁判所は証拠調べをする旨の決定または請求を却下する旨の決定をする（「証拠決定」）。必ずしも請求されたすべての証拠が取り調べられるわけではない。

　なお，場合によっては，証拠調べの際，証人の精神的・心理的負担を軽減する措置がとられたり（刑訴157条の2～157条の4），被害者の心情等に関する意見の陳述が行われたり（刑訴292条の2）することがある。

《Hは，裁判では，自分がJをはねたことを認めなかった。自分で有罪を認めるようなことは言わなくてよいと思ったからである。すると検察官は，Hの彼女を証人として調べるよう裁判所に請求した。》

―――――――――――――
　　証拠能力の制限
―――――――――――――

裁判所で事実を認定するときは，証拠によらなければならない（刑訴317条）。しかも，強制，拷問または脅迫による自白や不当に長く抑留または拘禁された後の自白のように，任意になされたものでない疑いのある自白は証拠とすることができないし（刑訴319条1項），刑訴法で許される例外を除いては，公判期日における供述に代えて書面を証拠とし，または公判期日外における他の者の供述を内容とする供述を証拠とすることもできない（刑訴320条1項）。このように，裁判官が事実の有無を判断する資料となりうるものであっ

ても，何らかの理由で法が証拠としての利用を禁止している場合がある。これを「証拠能力の制限」という。このような制限があるのは，それが誤った事実判断を導く恐れのあるものであったり，あるいは拷問による自白のように，そもそも証拠とするにふさわしくない違法な方法で得られたものだったりするからである。

たとえば，HがJをはねたことを証明する証拠がHの彼女の証言とH自身の自白しかない場合，Hが取調べや公判で自白をせず，かつHの彼女が証人として公判で証言しないときには，たとえ警察官がHの彼女から「HがJをはねた」という供述を聞いたと証言しても，それはHの有罪を証明する証拠にはならない。ただし，彼女が供述書を提出したり，警察官などが彼女の供述を記録した供述録取書を提出したときには，彼女が死亡したり精神または身体の故障のため裁判所に来れないといった事情があったり，被告人が証拠とすることに同意したりした例外に当たれば，これらの書面を証拠として取り調べることができる（刑訴321条以下）。

《道路交通法によれば，車に同乗していたHの彼女にも負傷者を救護する義務があった。しかし，彼女は裁判でHが被害者をはねた事実を証言することで，救護義務違反について起訴を猶予されていた。気まずい思いで彼女は証言を終えた。》

証言すれば処罰
されない証人

Hの彼女は起訴猶予制度によって，事実上，刑事責任を問われないこととなったが，これとは別に，アメリカなどでは，証言をすると自分の犯罪も自白することになる共犯者などに，そ

の人の罪は問わないと約束して，他の共犯者らの犯罪行為を証明する証言をさせる制度がある。これを「免責証人」制度という。わが国では，ロッキード事件において日本の捜査機関の嘱託にもとづいてアメリカで尋問された贈賄側のロッキード社の元重役が，免責を約束されるかわりに贈賄事実を供述し，これを録取した書面が，証拠としての使用を否定されたことがある（最大判1995〔平成7〕・2・22刑集49巻2号1頁）。このような場合には，公判での被告人による証人審問権（憲37条2項）が保障されないので，このような書面を証拠とできないのは当然であろう。

　もっとも，この判決を契機に，わが国にもアメリカのような「免責証人」制度を導入すべきではないかという意見が出てきた。そこで，2016（平成28）年の刑訴法改正では，裁判所の決定により，免責を与える条件の下で，証人にとって不利益な事項についても証言を義務づけることができるようになった（刑訴157条の2以下の「刑事免責制度」。このほか，2018年から，特定の犯罪に限り，他人の刑事事件について捜査に協力することにより，自己の事件について有利な取扱いをしてもらう「合意制度」も実施されている。刑訴法350条の2以下）。しかし，このような制度には，常に，冤罪を助長する危険が伴う。というのも，たとえば，真実は強盗殺人の単独犯であっても，他に主犯格の共犯者がいると証言をすれば免責される見込みがあるなら，真犯人はこのような偽証をするよう強く誘惑されることになるからである。新たに導入された「免責証人」制度は，このような危険を有効に防止するために，慎重な運用が必要なのである。

《彼女の証言で，Hは罪を認めざるをえなかった。判決言渡しの日，「被告人を懲役2年に処する」という判決の主文が読み上げられた。その後に続く判決理由を聞きながら，Hはなぜか夢の中にいるような気分になっていた。》

| 判　決 |

証拠調べが終わると，検察官が「論告」という形で事実と法律の適用について意見を述べる（刑訴293条1項）。このなかで，検察官は適当と思われる刑についても意見を述べる。これを「求刑」という。さらに，「被害者参加制度」によって，被害者等が事実または法律の適用について意見を述べることもある（刑訴316条の38）。これに続いて，被告人および弁護人は最終の意見を陳述することができる（刑訴293条2項）。

　これが終わると，判決が言い渡される。判決には，管轄違い（刑訴329条）や公訴棄却（刑訴338条）といった形式裁判と，有罪（刑訴335条）や無罪（刑訴336条）といった実体裁判がある。確定判決の存在や刑の廃止などの場合に言い渡される免訴（刑訴337条）については争いがある。形式裁判と考える見解が多いが，事件についての刑罰権の消滅を理由とするのであれば，それは実体裁判の一種と考えるべきであろう。

　とくに有罪の言渡しをするときには，裁判所は，罪となるべき事実，証拠の標目および法令の適用を示さなければならないし，正当防衛のような法律上犯罪の成立を妨げる理由や，自首のような刑の加重減免の理由となる事実が主張されたときは，これに対する判断を示さなければならない（刑訴335条）。

　なお，実体裁判が確定すると，いわゆる「一事不再理」効が生

ずる。これは，無罪とされた行為について刑事裁判を蒸し返され
ないことと，有罪とされた同じ行為に対して重ねて刑事責任を問
われないことの双方を含む（憲39条）。判決を受けた被告人の地
位を不安定なものにしないためである。

<hr>

刑はどうやって決まる？ 　　　　有罪の言渡しは，先の判決のように，
「被告人を懲役2年に処する」といった
具体的な刑の宣告の形をとる。Hの場合には，準危険運転致傷
罪のほかに道路交通法上の制限速度違反，信号無視，被害者救護
義務・事故報告義務違反といった複数の罪（＝「訴因」）で有罪と
なるが，これらの罪は「確定裁判を経ていない2個以上の罪」な
ので，刑法では「併合罪」として処理される（⇒刑45条以下）。
この場合，裁判官が，併合罪のうちの2個以上の罪について有期
の懲役または禁錮に処するのがふさわしいと判断すれば，それぞ
れの罪の刑の上限の合計を超えない限り，そのうちの最も重い刑
が定められている犯罪の刑の上限にその2分の1を加えたものを
上限とする（刑47条）。

　なお，検察官はHが酒を飲んでいたことを免れる目的で現場
から逃げたとする確証を得ることができず，アルコール等影響発
覚免脱罪（自動車運転致死傷4条）での起訴を証拠不十分として
見送ったので，Hの犯した罪のなかでは，12年以下の懲役が定
められている準危険運転致傷罪（同法3条1項）が最も重い。こ
れに10年以下の懲役が定められている救護義務違反（道交117
条2項）を加えればすでに22年の懲役になるので，Hに対して
は18年以下の懲役の範囲で刑を宣告すべきことになる（これに
酌量減軽の余地があれば，長期は9年の懲役となる〔刑66条以下〕）。

　この事件でJが死亡しており，かつ，事故当時Hが，正常な運転が困難なほど酔っ払っているか，または，赤信号をことさらに無視し重大な交通の危険を生じさせる速度で交差点に進入したことを証明する証拠が十分に集まったとしたら，検察官は，Hを――法定刑が1年以上20年以下の懲役となる――危険運転致死罪で起訴したであろう。この罪は，裁判員の参加する刑事裁判に関する法律（「裁判員法」）2条1項2号によって，裁判員裁判で取り扱うこととされている。そこで，裁判員裁判の仕組みを，簡単に説明しよう。

　裁判員裁判では，事件は，原則として，職業裁判官3人と素人である裁判員6人から構成される合議体で審理される（争いのない事件では，職業裁判官1人と裁判員4人で審理されることもある）。裁判員は，犯罪事実に関する事実の認定と法令の適用および刑の量定を職業裁判官との合議で判断することとされており，その点では，職業裁判官と同等の権限を有している。また，事件の判断に必要な事項について，証人を尋問し，被告人に質問するなどの権限を有している。

　裁判員裁判の対象となるのは，法定刑によれば「死刑又は無期の懲役若しくは禁錮に当たる罪に係る事件」と「裁判所法26条2項2号に掲げる事件であって，故意の犯罪行為により被害者を死亡させた罪に係るもの」である。裁判所法26条2項2号に掲げる事件とは，「死刑又は無期若しくは短期1年以上の懲役若しくは禁錮にあたる罪」であって，強盗罪や常習累犯強盗・窃盗および暴力行為等処罰に関する法律の1条の2第1項および第2項ならびに同法1条の3に当たる罪を除いたものをいう。死刑，無期懲役若しくは禁錮，短期1年以上の懲役若しくは禁錮というのは，いずれも，法定刑にそれらが含まれていることを意味するものであって，被告人に対する宣告刑をいうのではない。危険運転

致死罪の法定刑は1年以上の有期懲役なので，ここにいう「短期1年以上の懲役……にあたる罪」として，裁判員裁判の対象となるのである。

　裁判員は，選挙人名簿を基にして作られた裁判員候補者名簿から無作為に選ばれて裁判所に呼び出された一般市民の中から，裁判官，裁判所書記官，検察官，弁護人——必要があれば被告人——によって選ばれる。その際に，法定の欠格事由や就職禁止事由，事件に関する不適格事由等に該当する者や不公平な裁判をするおそれがある者，法定の辞退事由がある者は選任されない。また，検察官および被告人は，それぞれ4人の裁判員候補者につき，理由を示さずに不選任の請求をすることができる（「理由なき不選任」）。その上で，残った裁判員候補者の中から，くじ等の方法によって，裁判員および補充裁判員が選任される。これらの裁判員および補充裁判員は，扱った事件に関する評議の秘密その他の職務上知り得た秘密を漏らしてはならないという「守秘義務」を負う。

　裁判員裁判対象事件は，第1回公判期日前に，その争点を明確にし裁判員の負担を軽減するため，必ず公判前整理手続に付さなければならない。また，その公判は，通常，3日以内に集中的に行われる。それ以外の裁判手続は，職業裁判官のみでの裁判とほぼ同じである。

⚜⚜⚜⚜⚜⚜⚜⚜⚜⚜⚜⚜⚜⚜⚜⚜⚜⚜⚜⚜⚜⚜⚜⚜⚜⚜⚜

裁判所は，この刑（＝「処断刑」）の範囲内で，Hが初犯であることや被害者への謝罪および損害賠償の有無など反省の情，被害者側の処罰感情などを考慮して，宣告刑を決めるのである。

　なお，その際に検察官が求刑意見を述べるが，裁判所がそれに拘束されるわけではない。

5 裁判は1回限りではない

●上訴と再審

《判決後，Hの弁護人は，前科もないのに懲役2年の実刑は重過ぎるから，量刑不当を理由に控訴して高等裁判所で争うべきだとHに勧めた。しかし，Hにはもう争う気力はなくなっていた。》

上　訴

裁判に不服があるときは，検察官または被告人等は，上訴をすることができる（刑訴351条1項）。上訴には，地方裁判所，家庭裁判所または簡易裁判所がした第一審の判決に対する控訴（刑訴372条），高等裁判所がした第一審または第二審の判決に対する上告（刑訴405条），即時抗告ができる旨の規定のある場合以外で，裁判所のした決定に対する抗告（刑訴419条）がある。上告は憲法解釈の誤りや判例違反を理由とする上訴であるが（刑訴405条），それ以外にも上告受理（刑訴406条）や職権破棄（刑訴411条）がある。

再審と非常上告

上訴期間内に上訴がなされなかったり上訴が最終的に却下・棄却されると判決は確定する。それが有罪判決であれば，刑が執行されることになる（⇒*Focus* ②刑務所と少年院）。

　裁判は人間のすることだから，上訴で争っても間違いが訂正されないまま確定することがある。とくに，有罪判決が間違ったまま確定したときは，無実の人間が刑の執行を受けるという大変な事態が生ずる。そこで，間違ったまま確定した判決に対しても，

再審や非常上告という方法で，その訂正の道が開かれている。再審は事実認定の誤りを正すためのものであり，非常上告は法令解釈の誤りを正すためのものである。

　再審は，原判決の基礎となった証拠に偽造や偽証があった場合，および無罪などを言い渡すべき明らかな証拠が新たに発見されたときなどに，有罪の言渡しを受けた者の利益のためにすることができる（刑訴435条・436条）。

　非常上告は，検事総長が，判決確定後その事件の審判が法令に違反したことを発見したときに，最高裁判所に対して申し立てるものである（刑訴454条）。必ずしも原判決が被告人に不利益な場合ばかりではないが，原判決が被告人に不利益な場合を除いて，非常上告の判決の効力は被告人に及ばない（刑訴459条）。

6 略式手続と少年手続

略式手続

　刑訴法は，軽微な事件については公判を開くことなく，略式命令という形で，100万円以下の罰金または科料を言い渡す手続を認めている（刑訴461条）。略式手続では被告人は，憲法37条で認められた公開裁判を受ける権利や証人審問権を保障されない。したがって，憲法との抵触を避けるために，検察官は略式命令の請求に際し，被疑者に対しあらかじめ略式手続を理解させるために必要な事項を説明し，通常の規定に従い審判を受けることができる旨を告げたうえ，略式手続によることについて異議がないかどうかを確かめなければならない。また，被疑者は，略式手続について異議がない

ときは，書面でその旨を明らかにしなければならない（刑訴461条の2）。さらに，略式命令を受けた後であっても，略式命令を受けた者または検察官は，その告知を受けた日から14日以内に正式裁判の請求をすることができる（刑訴465条）。くわえて，正式裁判の請求は，第一審の判決があるまで取り下げることができる。

少年手続

ところで，もしHが未成年だったらどう扱われるのだろうか。

第1章で述べたように，罪を犯した少年および14歳に満たないで刑罰法令に触れる行為をした少年，さらには一定の事由のある将来罪を犯すおそれのある少年（ぐ犯少年）については，少年法に特別の規定がある。少年法は，少年の健全な育成を期し，非行のある少年に対して性格の矯正および環境の調整に関する保護処分を行うとともに（「保護主義」），少年の刑事事件について特別の措置を講ずることを目的としている（1条）。そのために，罪を犯した少年，14歳未満で刑罰法令に触れる行為をした少年および少年法3条1項3号に掲げる事由のあるぐ犯少年については，通常の裁判所ではなく家庭裁判所の審判に付するものとされる（3条2項。ただし重大な罪を犯し，刑事処分を相当と認めるときは，少年法20条により，家庭裁判所は事件を管轄検察官に送致し，一般の刑事裁判が行われる）。

＊**審判と裁判**　「審判」とは，一般に審理・裁判の略称だが，家庭裁判所の審判では，通常の刑事裁判の手続と異なり，非公開で行われ，非行事実の認定や保護処分の決定に関する手続において裁判所にある程度広い裁量が認められている。また，その裁判も「決定」という形式で行われる。

　懲役や禁錮の執行猶予がふさわしい軽微な事件で被疑者の同意がある場合には，「即決裁判」という簡易かつ迅速な裁判が選ばれることがある。すなわち，検察官は，公訴を提起しようとする事件について，事案が明白であり，かつ，軽微であること，証拠調べが速やかに終わると見込まれることその他の事情を考慮し，相当と認めるときは，公訴の提起と同時に，書面により即決裁判手続の申立てをすることができるのである（刑訴 350 条の 16 第 1 項。ただし，死刑または無期若しくは短期 1 年以上の懲役若しくは禁錮に当たる事件については，この限りでない）。

　この手続では，略式手続の場合と同じく，被疑者の同意は書面でしなければならない。この場合において，検察官は，被疑者に対し，即決裁判手続を理解させるために必要な事項（被疑者に弁護人がないときは，350 条の 17 の規定により弁護人を選任することができる旨を含む）を説明し，通常の規定に従い審判を受けることができる旨を告げなければならない（刑訴 350 条の 16 第 3 項）。また，略式手続と同じく，即決裁判でも，刑訴 320 条 1 項による証拠能力の制限は適用されない（刑訴 350 条の 27。ただし，検察官及び被告人又は弁護人に異議がないときは，この限りでない）。

　もっとも，略式手続と異なり，この手続の申立てがあった場合には，被疑者に弁護人がないときは，裁判長は，できる限り速やかに，職権で弁護人を付さなければならない（刑訴 350 条の 18）。

　即決裁判では，できる限り，即日判決の言渡しをしなければならないとされており（刑訴 350 条の 28），また，即決裁判手続において懲役または禁錮の言渡しをする場合には，その刑の執行猶予の言渡しをしなければならない（刑訴 350 条の 29）。また，即決裁判での判決に対しては，裁判所が認定した罪となるべき事実の誤認を理由とする上訴はできない。被告人は弁護人の助言を得

て即決裁判に同意したのであり，不服があれば，判決が言い渡されるまでに同意を撤回して通常の裁判を受けることもできたからである（最決 2009〔平成 21〕・7・14 刑集 63 巻 6 号 623 頁は，この制限を憲法 32 条に違反しないとしている）。

　この手続では，地裁・簡裁をあわせて年間約 500 人程度が処理されているが，その数は近年減少傾向にある。罪名別では，地裁で入管法違反と覚せい剤取締法違反が比較的多く，簡裁では窃盗罪が圧倒的多数を占めている。

∽∾

Focus ② 刑務所と少年院

1 交通刑務所の朝

　酒に酔って速度違反，信号無視を重ねたうえにJをはね，さらにひき逃げを犯して懲役2年の実刑を言い渡されたHは，いま，「交通刑務所」というところにいる。

　交通刑務所とは，交通事故における致死傷罪と道路交通法違反のいずれか，または双方を理由に懲役または禁錮の刑を受けている者（交通事犯受刑者）だけを収容する専門の刑務所で，わが国では，千葉県の市原刑務所と兵庫県の加古川刑務所がそれに当たる。

　このように，交通事犯受刑者だけを別に集めて処遇するのは，一方で，一般の刑務所の受刑者には暴力団の構成員などのように犯罪性の進んだ「プロ」の犯罪者が多いため，交通事犯のみを理由とし犯罪性のあまり進んでいない受刑者がそのような者から犯罪の手口を学んだり犯罪組織に誘われたりすることを防ぐためであり，他方で，交通犯罪者に対して交通教育という単一の目的の下に密度の濃い効果的な処遇を行い，再社会化を図るためであるとされている。

2 交通事犯受刑者の特徴

　一般的にみて，交通事犯で懲役・禁錮の実刑となるのは，交通事故における致死傷罪ではいわゆる「ひき逃げ」を伴うものが多く，道路交通法違反では常習的傾向のある悪質事犯者が中心である。もっとも，このように重大または悪質なものが中心だといっ

ても，交通事犯の場合には一般の犯罪に比べて社会復帰は容易である。年齢では一般の受刑者と比べて 20 歳代の若年層が多く，就学中の者を除き，犯行時に無職であった者はきわめて少ない。また，出所時に仕事の決まっている者の割合もきわめて高い。交通刑務所の再入率（出所者のうち，ふたたび刑務所などの施設に戻ってきた者の割合）は数％にすぎない。逆に，一般の刑務所における受刑者の平均年齢は 40 歳を超え，犯行時に無職であった者の割合もきわめて高く，再入率は平均して 60％ を超える。

　なお，自動車による交通事故における致死傷罪を理由に第一審で懲役または禁錮の実刑を言い渡された者は，1971 年の 4845 人をピークに減りつづけたが，量刑の重罰化傾向に伴い 1998 年から少し増加した後，再度減少して，2017 年では 302 人となっている。これは，交通事故の増加に対して懲役・禁錮という刑罰による威嚇で対処しようとした 1960 年代から 70 年代前半にかけての刑事政策が見直され，「犯罪者」らしくない一般の市民が犯す交通事犯に対しては被害者への賠償などを通じて反省と紛争解決を図り，とくに悪質なものに対してだけ，懲役・禁錮の実刑で臨もうとしたことと，死傷事故自体が減少したことのあらわれである。

3 一般の刑務所では

　それでは，一般の刑務所の様子はどうであろうか。懲役や禁錮を執行するいわゆる刑務所は，法律では「刑事施設」という（刑事施設 2 条）。そのなかには，成人を対象とする一般刑務所と，20 歳未満の懲役・禁錮受刑者（26 歳まで継続可）を対象とする少年刑務所（少年法 56 条）とがある。「交通刑務所」は，一般刑務

所に属する。一般刑務所は全国に58，少年刑務所は全国に6つ存在する。また，女性を対象とする女子刑務所も，全国に5ヵ所（支所（4）収容棟（2）を入れると，11ヵ所）ある。さらに，医療を必要とする受刑者に対して，全国に4ヵ所の医療刑務所がある。

　刑務所では，懲役の場合は所定の作業を行う（刑12条2項）。これを「刑務作業」という。懲役はもともと，施設に閉じ込めて労働を行わせること自体を刑罰の内容とするものであった。しかし，現在では，このように労働を「罰」としてとらえる考え方は克服されており，むしろ刑務所内での労働は，受刑者の勤労意欲を高め，職業上有益な知識および技能を修得させる可能性をもつものとして位置づけられている。

　禁錮の場合は刑務所に閉じ込めることのみが刑罰内容であるが，このような刑務作業の積極的性格を理由に，実際にはほとんどの禁錮受刑者が請願という形で刑務作業に従事している（刑事施設72条）。ゆえに，実際には，懲役と禁錮を区別する意味は薄れつつあり，刑罰内容は自由を奪うことだけにとどめて，刑務作業を受刑者の自発性にもとづく社会復帰のための機会提供とすべきだとする「自由刑純化論」も有力である。

4 分類処遇制度と累進処遇制度・開放的処遇

　受刑者処遇の基本制度には，分類処遇制度と累進処遇制度がある。分類処遇制度とは，個々の受刑者を一定の分類基準に応じて分類し，各分類に応じた有効な処遇を行うことである。このなかには，犯罪傾向の進んでいないA級と，犯罪傾向の進んだB級との区別もある。

　犯罪者処遇の理想は，1人ひとりに応じた刑罰の個別化・個別

表2-1　受刑者の属性および犯罪傾向の進度（2019年12月31日現在）

属性および犯罪傾向の進度	符号	人員
拘留受刑者	D	-
少年院への収容を必要とする16歳未満の少年	Jt	-
精神上の疾病又は障害を有するため医療を主として行う刑事施設等に収容する必要があると認められる者	M	246
身体上の疾病又は障害を有するため医療を主として行う刑事施設等に収容する必要があると認められる者	P	390
女子	W	3,083
日本人と異なる処遇を必要とする外国人	F	1,078
禁固受刑者	I	91
少年院への収容を必要としない少年	J	1
執行すべき刑期が10年以上である者	L	4,566
可塑性に期待した矯正処遇を重点的に行うことが相当と認められる26歳未満の成人	Y	1,683
犯罪傾向が進んでいない者	A	9,388
犯罪傾向が進んでいる者	B	18,020

注　法務省矯正統計による。
　　『令和2年犯罪白書』より。

的処遇である。しかし，完全な個別化には膨大なコストがかかるのであり，現実には，同じような問題性をもつ者をまとめて処遇するという方法を取らざるをえない。現在の分類級と収容人員は，**表2-1**のようになっている。

　累進処遇制度とは，刑の執行に第1級から第4級までの4つの階級を設け，入所当初の最下級（第4級）から，刑務所内での態度や作業成績に応じて順次上級に進級させ，それにあわせて優遇を与えたり自由制限を緩和したりする処遇方法である。これは，受刑者を実社会の生活に近づけるとともに，社会への適応をはかることを目的とする。刑期6月以上の懲役受刑者が対象となる。

　さらに，居室や食堂，工場などに鍵をかけず，また刑務所内では戒護者をつけず，面会をなるべく立会者なしで行わせることなどを内容とする開放的処遇がある。主として交通事犯や女性受刑者等を対象に行われている。また，開放的処遇では，刑務所の外にある工場や農場などに通勤したり，社会奉仕活動や講演会等へ

の参加，資格取得のための受験といった施設外教育も行われている。

5 少年院では？

では，同じように罪を犯した少年たちを収容する施設である少年院（正確には，将来犯罪を犯すおそれのある少年も対象とする）は，どのようなところであろうか。

少年院は，保護処分の執行を受ける者および少年院において刑の執行を受ける者を収容し，これらの者に矯正教育その他の必要な処遇を行う施設である（少年院法3条）。少年院には，(1)保護処分の執行を受ける，心身に著しい障害がないおおむね12歳以上23歳未満の者を収容する第一種少年院，(2)保護処分の執行を受ける，心身に著しい障害がない犯罪的傾向が進んだおおむね16歳以上23歳未満の者を収容する第二種少年院，(3)保護処分の執行を受ける，心身に著しい障害があるおおむね12歳以上26歳未満の者を収容する第三種少年院，(4)少年院において刑の執行を受ける者を収容する第四種少年院があり，それぞれ男女別に収容する（少年院法4条）。収容者は，近年，3000人前後である。

ここにいう「矯正教育」とは，「在院者の犯罪的傾向を矯正し，並びに在院者に対し，健全な心身を培わせ，社会生活に適応するのに必要な知識及び能力を習得させることを目的とする」とされている（少年院法23条1項）。

収容期間は，保護処分の執行においては，短期で6ヵ月以内，通常は2年以内である。これはさらに，矯正教育課程に応じて，義務教育，社会適応，支援教育といった課程に分かれている。また，社会生活への円滑な適応をはかるため，対象者の必要に応じ

た進路指導が行われ，就職希望者に対する求職方法等の具体的指導，進学希望者に対する受験指導・受験外出，進路未決定者に対する情報提供などが行われる。その結果，進路未定のまま出院する者は，近年では数％にすぎない。

6 少年院における再入率

　少年院収容者の中で，少年院を出たあとふたたび少年院収容の保護処分決定を受けて戻ってくる者の比率は，近年では 16％ 程度である。これは，成人の一般刑務所における約 60％ という再入率と比較すれば，はるかに小さい数字である。もちろん，少年が成人後に罪を犯して施設に収容される場合は刑務所に送られるのであるから，この数値をして少年院収容の犯罪予防効果が刑務所より高いと即断することはできない。しかし，少年非行の一過性や出院者の高い進路決定率を考えるなら，成人受刑者よりも少年院収容者のほうが社会復帰は容易であるといえよう。

法の歴史は，人々が社会を形成し，政治的な権力が形成されることによってはじまります。古代バビロニアの紀元前17世紀に制定されたといわれるハンムラビ法典は，最古の法典とされています。しかし，これらの法典は，神から授かったもので宗教的色彩が強かったようです。これに対しローマでは，市民相互の法である市民法と市民と外国人との間の万民法が形成され，法典編纂が進み，6世紀にはユスティニアヌス法典が完成します。

その後中世には，ヨーロッパではゲルマン民族の法思想を基礎として封建的な慣習法が支配しますが，やがて政治権力の根源を神ではなく個人に求め，国王による支配に代えて国民が政治権力を担う近代社会になると，近代的な法が確立されます。その際，大陸諸国ではローマ法が継受されたりして，法典中心の法体系が形成されます。一般に大陸法と呼ばれているものです。これに対し，イギリスでは慣習法が判例法として近代化され，これがアメリカに継承されます。そのためこれらアングロサクソンの国々では，判例法主義（コモン・ロー）が確立されます。

この近代法は，近代という時代を背景に形成されたもので，自由で平等な市民を前提に，市民相互の関係を自律にゆだね，市民の権利を保護するために政府を樹立しつつも，市民の自由を侵害しないように政府の権限に制限を置こうとしたものです。政府の目的は，市民の自由を侵害しないことに求められました。

しかし，やがて，自律的なはずの市民相互間で，自律的に解決できない諸問題があることが認識され，市民の生活を確保するために政府が社会経済に関与することが求められるようになります。このような現代社会の法を現代法と呼ぶことがあります。

épisode
2
許せない

Jにとっても，人生はその一瞬を境に大きく変わってしまった。

　それは悪夢のような一瞬であった。

　私立大学の福祉学部で学ぶ女子大生Jは，卒業記念に友人たちとパックツアーに出かけ，観光スポットで夜遅くまで楽しい1日を過ごしたところであった。

　「おかしいなあ。迎えのバスが来てくれるはずだと思ったんだけど……」

　「そうねえ。変ねえ」

　ホテルに帰るための迎えのバスがくるはずだと思っていたが，勘違いだったのか，それとも旅行会社の手配ミスのせいなのか，迎えのバスは来ていなかった。

　「歩いてホテルまで帰ろうか。そんなに遠くなかったし……」

　「そうしようか」

　Jたちは，歩いてホテルまで帰ることにした。少し薄暗い道ではあるが，みんなと一緒だし，話をしながら帰ればすぐホテルに着くから大丈夫だと思った。

　そう，その瞬間までは……。まさか，信号を無視して，横断歩道につっこんでくる車がいようなどとは，夢にも思わなかった。

　あ！

　Jの体は大きく宙を舞い，道路に落ちた。頭を強打し，意識が薄らいでいった。

　「もしもし，こちら警察ですが，実はお宅のお嬢さんが……」

　「え⁉」

深夜の突然の電話に，Ｊの母親は気を失いそうになった。

Ｊをはねた車は逃げ去ってしまった。一緒に歩いていた友人たちが救急車を呼んでくれた。Ｊは救急病院に運ばれた。だが，医師がなかなかつかまらなかった。ようやくつかまった医師も，まだ経験の浅い医師で，専門も脳外科ではなかった。幸い命はとりとめたものの，病院での治療もむなしく，Ｊの意識は戻らなかった。Ｊの身体は人工的に呼吸を可能とする人工呼吸器と，チューブを通して水や栄養を直接胃に補給する胃ろうといった生命維持装置がなければ，生きていけないようになってしまった。いわゆる植物状態になってしまったのである。

「どうしてこんなことになってしまったの……」

Ｊは，母一人子一人の家庭で育った。父親は，まだＪの物心つく前に離婚し，家を出ていったきりであった。母親にしても，Ｊを大学にやり，卒業を目前に，これからというときの出来事であった。

自分がしっかりしなければならないと思いながらも，Ｊを不憫に思う気持ちと，加害者への怒りや将来への不安から涙に暮れる日々が続いた。これからのＪの人生はどうなるのであろうか。自分も年老いていくし，いつまでもＪの面倒をみることはできない。しかも，Ｊの治療費をどうやって捻出したらよいのであろうか。

Ｊの母親は，知人の弁護士に相談の上，加害者であるＨに損害賠償を求めることにした。病院も，きちんとした治療をしてくれていれば，こんなことにならなかったのでは？　母親は，病院の責任も追及することにした。さらに母親は，旅行会社も訴えることにした。送迎バスもよこさないようないいかげんな旅行会社のせいで，Ｊはこんなになったのだ。

損害賠償が認められても，Ｊの笑顔が戻るわけではない。だが，あの元気だったＪをこんな目に遭わせて，誰も責任を問われないというのは許せないと思ったのである。

第3章 | 事故を起こした H の民事責任

民法　不法行為法の基礎

> H は刑罰のほかに，さらに J やその家族から損害賠償も求められることになろう。では，なぜ被害者は「運が悪かった」としてあきらめるのではなく，加害者に損害賠償を請求できるのだろうか。また，損害賠償とは具体的にどのようなものだろうか。本章では民法のなかでも，「不法行為法」といわれる分野について考える。

1　私人間の紛争解決

《一人で娘 J を育て上げた母親の悲しみは深く，怒りは大きかった。しかも，H はかなり無謀な運転をしていたというではないか。娘が何か悪いことをしたとでもいうのか？　「許せない！」》

仇討ちは認められない

母親には実力行使による「復讐」「仇討ち」は認められない。それを認めれば社会の安全や平和は維持できないであろう。しかも，自分にはその権利があると本人が信じていても，本当は権利がないということもありうる。そこで人類は，実力行使による紛争解決は国家が一手に引き受け，私人（一般市民）による自力救済を禁止すると

＊自力救済と占有訴権　物がある人の支配下に事実上おかれている状態を「占

いう知恵をもった。これに母親が違反すれば，母親自身，民事・刑事の責任を問われることになる。もちろん，法的手続によっていたのでは救済が得られないという緊急でやむをえない特別の事情がある場合には，その必要を超えない限度で例外的に自力救済も認められるが（たとえば，自分のバッグが奪われそうなときに抵抗することは許されるが，相手を殺すことまでは許されない），それはあくまでも例外であるし，Jの母親はそのような状況にない。

民事と刑事

他方，国家はHに刑罰を科して公共秩序の維持を図るわけだが，そこで問われているのはHの社会に対する責任（刑事責任）である（⇒第1章）。したがって，それだけではHの，被害者J個人に対する責任（民事責任）の問題は未解決のままである。国家は自力救済の禁止と引き換えに，私人間（しじんかん）の利害調整を目的とする民事責任についても，裁判を通じた保護を与えることになる。民事責任はHの例のように不法行為によって発生することもあるし，契約にもとづいて発生することもあるが，これらについては「民法」という法律が最も一般的な規定をおいている。民法は民事責任のほかに，家族の法律関係などについても規定しており，私人間の法律関係についての一般法である。

刑事裁判では検察官が被告人Hの責任を追及するのに対して（⇒第2章），民事裁判では紛争の当事者であるJとHが原告・被

有」というが，いくら物を盗まれた本当の所有権者でも，占有者となった泥棒から勝手に物を取り上げることは（盗まれた直後でないかぎり）許されない（民202条2項——占有訴権といわれる制度の一環である）。これは，物がある者に事実上支配されているという秩序を乱すことは許さないということで，自力救済禁止のひとつのあらわれといえる。

告となって争う（⇒*Focus* ③民事裁判手続）というように，刑事責任と民事責任は，それらを扱う裁判手続も異なる（もっとも近時，犯罪被害者保護の観点から，刑事裁判のなかで被害者が加害者に損害賠償を請求できる「損害賠償命令」制度などが設けられている）。

　なお，民事と刑事とでは同じ言葉が使われていても，その意味が異なることが多いので注意してほしい。

**民事紛争の収め方
いろいろ**

　植物状態になったＪやその母親は国家（裁判所）に対して，強制力ある「裁判」を通じた救済を求めることができる。訴えが提起されれば，裁判所は両当事者の言い分をきいて事実を認定し，その事実に法を適用して判決を下すことになる（⇒その手続については *Focus* ③民事裁判手続）。

　しかし，裁判によらない紛争処理もありうる（Alternative Dispute Resolution; ADR）。当事者が「交渉」を通じて解決に合意できれば，それは自力救済の禁止に反しない（⇒次頁）。また，当事者だけで交渉をするのではなく，中立的な第三者に意見のすりあわせや説得をしてもらうなど，交渉の手助けをしてもらう方法もある（調停・あっせん）。さらに，両当事者の合意によって紛争解決を中立の第三者の裁断にゆだねる仲裁という方法もある（いわば私的な裁判である）。

　ADRを行う機関にはいろいろある。各地の弁護士会が設けた仲裁センター（調停・あっせんも行う）や，ADRを行う行政委員会（公害等調整委員会，労働委員会など），行政や独立行政法人による国民生活センター・消費生活センター，民間の交通事故紛争処理センターなどはその一例である。裁判所も民事調停・家事調

停を行っている。司法制度改革の一環として，ADR の利用を促進するための立法も行われている（「仲裁法」や調停・あっせんに関する「裁判外紛争解決手続利用促進法」〔ADR 法〕など）。

《事故発生後，Ｊの母親に示談の申入れが届いた。賠償金を支払いたいというのである。》

━━━━━━━━━━
不法行為法の
影の下の交渉
━━━━━━━━━━

Ｊの母親に，合意による紛争処理が持ちかけられたわけである。たとえば H が謝罪したうえで，賠償金（示談金ともいう）を支払うことなどの合意が成立すれば，私人間の紛争（民事紛争）はそれで一応処理されたことになる。このような合意のことを，日常的には「示談」と呼ぶが，法的には，それは「和解」（民 695 条）という一種の契約である。

ところで，そもそも，なぜ H は賠償金（示談金）を支払おうとするのであろうか？　たしかに道徳的にも，このような場合に H は J らに何らかの償いをするべきだと考えられるかもしれない。また，示談が成立していることが刑事責任を少しでも軽くするために役立つという功利的な判断もあろう。しかし，それだけではない。実は，法的にも H には被害者に対して損害賠償をする義務があるのである。これを不法行為に基づく損害賠償責任という（注意深い読者は，被害者は J 本人であって，母親ではないのになぜ母親に示談の申入れがなされたのかという疑問をもたれるであろう。ここでは，母親が植物状態となった J の代理人として行動しているという前提で話を進めることにしたい。もちろん，母親だからといって当然にそのような権限〔代理権〕があるわけではない。どういう場合

に代理権が生ずるかについては後述する。⇒125-126頁・135頁）。

　Hはこのような法的義務を負う以上，示談が成立しなくても，損害賠償請求訴訟を起こされれば，損害賠償を支払わなければならない。したがって，裁判でHが支払わなければならなくなる損害賠償を，裁判によらずに当事者間の自主的な交渉で支払うことに合意できれば，HとJの双方にとって金銭的・時間的負担が大きく軽減されるし，柔軟な解決が可能となる。示談交渉の申入れがなされ，被害者がそれに応ずることが多いのは，このような事情による。

　そして，当事者は和解が成立しないとすれば法的に自分にどういう権利・義務が認められるか，あるいは認められないかに目配りをしながら交渉を進める。この現象を「法の影の下の交渉（bargaining in the shadow of the law）」ということもある。つまり，予想される裁判所の判断が，当事者の交渉に影響するのである。ということは，裁判所が下すであろう判断の予測可能性が高ければ，それだけ自主交渉によって紛争が解決される場合が多くなるはずである。現実に，交通事故紛争においては，高度成長期のいわゆる「交通戦争」を経て，交通事故による死亡者数が年間1万人規模で推移していた時期にも，交通事故に基づく損害賠償を求める裁判は減少していたのである。

2　不法行為制度と保険

《Jの母親は，いきなり訴えるのはやめて，示談の交渉に応じることにした。Hの真摯な謝罪に期待したからでもあった。ところ

が，示談の席についたのはHではなく，Hの代理人と称する保険会社の担当者であった。その担当者がいうには，Hはその保険会社と責任保険契約を結んでいて，交通事故に基づく賠償金の額には「相場」があるのだという。そして，保険契約の範囲内で，その相場に応じた賠償金であれば支払うという。Jの母親は面食らってしまった。金なんかどうでもよい。娘を返してくれ！》

責任保険という制度

示談によるにせよ裁判によるにせよ，加害者が責任保険に加入していた場合には，賠償金は保険会社が保険金として支払い，加害者のポケットからは一銭も出ない（ただし，加害者が保険会社と契約していた保険金で損害賠償額のすべてがまかなえない場合には，加害者が不足額を支払わなければならない）。責任保険とは，Hのように加害者の立場になるおそれのある潜在的加害者（この場合は自動車を運転する者）が，あらかじめ少額の保険料を拠出しあって原資とし，加入者の1人が損害賠償義務を負った場合には，その原資から賠償金をまかなうために保険金を支払うという契約なのである。だが，これでは民法がHに損害賠償義務を負わせた意味がないではないか？

何のための不法行為制度か① 損害填補

冷静に考えてみよう。なぜ，Hは損害賠償義務を負うのであろうか。不法行為についての基本的条文は民法709条である。それによれば，「故意又は過失によって他人の権利又は法律上保護される利益を侵害した者は，これによって生じた損害を賠償する責任を負う」とある。ということは，Hがわざと，ある

いは不注意でJを傷つけた場合だからこそ、つまり悪いことをしたからこそ、それを償うために損害賠償をしなければならないということではないのか？

　不法行為法の目的は、制裁ではなくて「被害者の救済」、つまり「損害の塡補」（損害の穴埋め）にあると考えられている。だから、損害の塡補が加害者の支払う賠償金によってなされるか、保険会社の支払う保険金でなされるかにかかわらず、被害者に損害を塡補する金銭が支払われればそれでよいことになる。また、現実問題として、Hはまだ学生であり、たいした財産ももっていないであろう。そのようなHに対して、高額の損害賠償義務を負わせても現実にはその支払は期待できないから、被害者の損害も塡補されない（結局、損害は被害者が負担することになる）。この意味で、保険は現代社会における被害者救済のための制度として大きな役割を果たしている。自動車事故に関しては、自動車の保有者は必ず自動車損害賠償責任保険に入らなければならないとされている（自賠法5条）。ただし、この強制保険から支払われる保険金額の上限が低いため（死亡の場合でも3000万円）、この強制保険だけでは不十分であり、多くのドライバーが任意保険（加入するかどうかは当事者に任されている保険）にも加入している。

　もっとも、被害者救済だけが不法行為法の目的なのであれば、不法行為に基づく損害賠償という制度は廃止して、すべて災害保険（ノーフォールト保険）や社会保障の問題として処理するシステムを作ることもできよう。実際、ニュージーランドのようにそういう制度をとっている国もある（なお、日本にも、犯罪によって生命や身体を害された被害者やその遺族が、加害者から損害賠償を得られない場合に、国が被害者およびその遺族の救済のために「犯罪被

害者給付金」を支払う制度がある）。

何のための不法行為制
度か② 制裁と抑止しかし，不法行為法は，損害の賠償責任
を加害者に負わせる制度なのである。し
たがって，不法行為法の目的を考える場
合には，その損失を被害者が負担するのでもなく（つまり，不運
だったとしてあきらめるのでなく），国や社会が負担するのでもな
く（つまり，社会保障などによるのでなく），なぜ加害者が負担す
るのか，ということが問われるべきであろう。まったくの天災に
よって事故にあったような単なる「不運」ではなく，そのような
事故を起こした相手がいる場合には，やはりその相手に対する制
裁として，あるいは，同じような不法行為が将来生じることを抑
止するために，加害者本人が損害賠償義務を果たすべきではない
か，とも思われる。

　結局，不法行為法の目的は，被害者救済と，加害者に対する制
裁・抑止の微妙なバランスのうえに成り立っているというべきな
のであろう。

故意でも過失で
も同じことか不法行為制度の制裁的な側面との関係で
注目されるものに，アメリカの懲罰的損
害賠償という制度がある。これは，裁判
所が，実際の損害額よりも大きな額の支払を損害賠償として加害
者に命じるものである。まさしく，それは，加害者に対して制
裁・懲罰を加えることを目的としている。

　しかし，日本では懲罰的損害賠償は認められていない。不法行
為法の目的は制裁・抑止ではなくて損害塡補にあると考えられて

いるからである。したがって，民法は，Hが故意にJをはねた場合（殺意をもっていた場合）と，脇見運転をしていて（過失で）Jをはねてしまった場合とで，Hが支払わなければならない損害賠償額を区別していない。これは不法行為法は被害者の損害を塡補するためのものだから，故意・過失の区別なく，とにかく損害を塡補すればそれでよいのだ，ということである。

とはいえ，慰謝料の額については，故意の不法行為の場合には過失による不法行為の場合よりも高くなることがある。慰謝料というのは精神的ショックに対する損害賠償であるが，被害者の精神的ショックは，加害者が故意で加害した場合の方が大きいと考えられるからである。さらに進んで，慰謝料には積極的に制裁機能をもたせるべきだとの主張もなされている（制裁的慰謝料論）。

3 加害者に責任を負わせるのをどう正当化するか

《結局，交渉の席についた保険会社のガードは固く，示談はまとまらなかった。Jの母親はHを訴える決心をしたが，さて，裁判では何を主張すればよいのだろうか。》

不法行為法のしくみ

まず，Hは不法行為に基づく損害賠償責任を本当に負うのであろうか。自動車事故の場合には，自動車損害賠償保障法（自賠法）という特別法に基づく運行供用者責任が問題になることの方が多いが，ここでは一般法である民法に立ち戻って考えてみよう。Hが不法行為

*一般法と特別法　民法は，私人間の法律関係についての汎用的な「一般法」

に基づく責任を負うかどうかを判断するためには，Ｈの行為が不法行為の「要件」を満たすかどうかを判断しなければならない。民法709条によれば，

① Ｈの故意・過失
② 他人（Ｊ）の権利または法律上保護される利益の侵害
③ 損害の発生
④ 因果関係

という要件が満たされているかどうかが問題となりそうである。その他に，Ｈに責任能力があること（民712条・713条），Ｈに違法性阻却事由がないこと（民720条）も不法行為責任の要件である。これらの要件が満たされている場合には，加害者は被害者に対して損害賠償を支払わなければならないという「効果」が生ずる。では，なぜ民法は，不法行為責任の要件として，このような要件を定めているのだろうか。言い換えれば，なぜこれらの要件が満たされる場合にはＨに責任を課すことが正当化されるのだろうか。

| 過失なければ責任なし |

ビールを飲んで気持ちの緩んでいたＨの運転する自動車は信号を無視して交差点に進入し，Ｊをはねた。このＨに過失があるということは直観的にはわかるであろう。それではこのようなＨには，なぜ過失があるといわれるのであろうか。気の緩み（「意思の緊張の欠如」）

（いわばデパートやスーパー）であるが，事柄によっては「特別法」（いわば専門店）が民法とは異なる規定をおいていることがある。特別法が規定している事柄については「特別法は一般法に優先する」というのが原則である。民法の特別法としては，自賠法のほかに，商法，消費者契約法，借地借家法，利息制限法，製造物責任法などがある。

ゆえであろうか。もしそうだとすれば，Hが神経を集中して自動車を運転して同じ事故を起こした場合には過失がないことになってしまいそうである（気は緩んでいないので）。かつては，過失とはこのような主観的な内心の意思状態に関する問題であると考えられた時期もあった（主観的過失概念）。しかし，むしろ，Hとしては，自分の行為が事故につながるかもしれないということを予見して事故を回避するように注意して行動すべきだったのであり，それをしなかった点こそが過失と評価されるべきであろう。

　このように，過失とは，主観的な内心の意思状態に関する概念ではなく，客観的な注意義務違反のことであるとするのが，現在の一般的な考え方である（「過失の客観化」という。ただし，刑法上の過失概念とは異なるので注意）。この注意義務違反は，より具体的には，損害の発生を予見できるのに（予見可能性）その結果回避措置をとらなかったこと（結果回避義務違反）ということができる。Hの場合には，飲酒運転や信号無視をすることによって，事故の発生を予見できるのにそれを回避する措置をとらなかったこと（つまり，「飲んだら乗らない」，信号を守るという規範を守らなかったこと）が注意義務違反なのである。そして，この注意義務違反があるからこそ，Hが非難されるべきなのであり，Hこそが責任を負わされるのである。もし，Hが無過失なら，Jには気の毒だが，HがJの損害を穴埋めしなければならない根拠がないのである（「過失なければ不法なし」）。これを，過失責任主義という。

　ただ，注意義務を課すことが酷だとおもわれる人々がいる。たとえば，小さい子どものように（だいたい12歳くらいが目安），自分の行為の結果として責任が発生するという判断をする能力（責

任弁識能力）がない人たちである（民712条・713条）。この人たちは「責任能力」がないとされ，不法行為責任を負わない。代わりに親などの監督義務者が責任を負う（民714条）。最近は，子どもばかりでなく，認知症で責任能力のない高齢者が他人に損害を与えた場合の，監督義務者責任の問題がクローズアップされている（たとえば最判2016〔平成28〕・3・1民集70巻3号681頁）。

　なお，過失でも不法行為責任が発生するのだから，故意の場合はなおさらである。ただ，故意でも過失でも成立する責任の内容は同じなので，区別する意味はあまりない（ただし，慰謝料の額について差が出てくる可能性があることについてはすでに述べた）。刑法が，原則として故意犯だけを処罰するのと対照的である。

―――――――――――――――
社会の無慈悲な選択
―――――――――――――――
Hは飲酒運転で信号無視をしたわけだが，そのような行為に及べば事故が発生することは容易に予見でき，Hがそのような結果を回避すべきだったことは疑いない。では，事故の発生が予見できる場合には，何が何でも常にその結果を回避しなければならないのであろうか。

　実は，われわれの住む社会では，必ずしもそのように考えられていない。たとえば，自動車事故は一定の割合で生じることが統計的に明らかであるにもかかわらず，自動車の運行をすべて禁止せよ，ということにはならない。それは自動車に社会的有用性があるからであり，事故のリスクを甘受してでも自動車の運行を認めたほうが社会全体でみれば望ましいと考えられているからである（刑法でいう「許された危険」に相当する）。有名な大阪アルカリ事件（大判1916〔大正5〕・12・22民録22輯2474頁）は，化学工場の煙突から排出された硫煙で付近の農作物が被害をうけ，農家が

工場に損害賠償を請求したという事件だが，裁判所は，工場が事業の性質に従って相当な防止設備を施していれば過失はなく，不法行為責任は発生しないとした（相当な設備が施されていたかどうか審理させるために原審に差戻し）。

　もっとも，要求される注意義務（結果回避措置）の程度は，被侵害利益が重大になれば，それだけ高度のものになるといえよう。工場からの排水により，農作物ではなくて，人の生命や身体に危害が及んだという新潟水俣病事件（新潟地判 1971〔昭和46〕・9・29下民集22巻9＝10号別冊1頁，判時642号96頁）では，工場は損害防止のための「最高技術の設備」が必要で，それでも結果が回避できない場合には「住民の最も基本的な権利ともいうべき生命，健康を犠牲にしてまで企業の利益を保護しなければならない理由はない」として，工場の操業短縮ないし操業停止による結果回避がなされなければならないとした例がある。人の生命・健康を扱う医師も，その業務の性質上，「最善の注意義務」が要求されている（東大輸血梅毒事件＝最判 1961〔昭和36〕・2・16民集15巻2号244頁）。

過失責任主義でよいのか？

　このように，科学技術の発達と経済活動の発展によって，危険な（しかし文明社会には不可欠な）事業活動が大規模な損害——たとえば公害のような環境汚染——を発生させる事態が多発するようになると，過失責任主義の限界が意識されるようになってくる。新潟水俣病事件判決で求められた「最高技術の設備」にしても，その当時の技術水準からみて最高のものでなければならないということであり，企業が事件当時の技術水準からみて十

分な注意を払っていた場合には過失があるとはいえないから，被害者は不法行為責任による救済を受けられないことになってしまう。日常生活から生じる損害であれば，ある程度立場の互換性（「お互いさま」）という側面があっても，公害の被害者と工場の間にはそのような関係はないから，これでは公平でないように思われる。しかも，企業は操業によって利益を得ているのに，被害者には不利益が一方的に押しつけられている（経済学の用語でいえば，企業は費用を外部化しているという）。

　そこで，危険な活動をする者はそこから生ずる損害も負担しなければならないという「危険責任」の思想や，利益あるところに損失も帰すべきであるとする「報償責任」の考え方に基づく無過失責任の考え方が説得力をもつようになってくる[*]。そこで，無過失責任の考え方に基づく特別法として，鉱業法，大気汚染防止法や水質汚濁防止法，原子力損害賠償法などが制定されたが，さらに1995年に施行された製造物責任法（PL法）では，危険な製品を市場に置いたメーカーが，製造物責任を負うとされている。これも，無過失責任立法の1つである。（⇒*Column*⑩製造物責任）。

運転はくれぐ
れも注意深く

　さて，Hのおこした自動車事故も，自動車の運行という危険な行為から生じたものであり，危険責任の考え方に基づく

---

[*] **〜責任**　「〜責任」という表現がたくさん出てくるが，それらは次元の違う概念である。たとえば，不法行為責任や運行供用者責任は，責任発生の法律上の根拠（条文）ごとの制度の名前であるが，過失責任，無過失責任，中間責任は，不法行為責任等の帰責原理（なぜ責任を負うかについての原理）に関する概念である。ただ，無過失責任という概念は，過失がなくても責任が生ずるということをいっているにすぎず，なぜ，無過失でも責任を負うのかの積極的根拠は示していない。危険責任，報償責任は，その根拠についての概念である。

特別法が制定されている。多発する自動車事故が「交通戦争」などといわれて社会問題化していた 1955 年に制定された自動車損害賠償保障法（自賠法）がそれである。

その３条が，自動車事故による人身損害について「運行供用者責任」という特別の責任を定めている。同条によれば，運行供用者※は，運行供用者が自動車の運行によって他人の生命または身体を害したときは，

①　自己および運転者に不注意がなかったこと

②　被害者または運転者以外の第三者に故意または過失があったこと

③　自動車に構造上の欠陥または機能に障害がなかったこと

の３つの免責事由を証明しない限り損害賠償責任を負うとされ，被害者救済が強化されている。通常の不法行為責任では過失の証明責任は原告（被害者）が負うが，運行供用者責任では「証明責任の転換」というテクニックによって被害者救済が図られていることになる。つまり，運行供用者が無過失（免責事由の存在）を証明できた場合には責任を負わない。その意味で形式的には過失責任主義であるといえるが，その免責事由の証明が事実上困難であることから，実質的には無過失責任に近くなっている（過失責任と無過失責任の中間に位置するという意味で「中間責任」という）。

なお，先述したように，自賠法はほかに強制保険の制度を定め，自動車の保有者に自賠責保険契約の締結を強制したうえで，本来

＊運行供用者　　損害賠償義務を負う「運行供用者」というのは「自己のために自動車を運行の用に供する者」のことで，自動車の所有者や使用権限をもつ者（これらを「保有者」という）ばかりでなく，他人の自動車を無断運転をしている者や泥棒運転をしている者もさす。もっとも自動車の管理が不十分だったために無断運転や泥棒運転がなされた場合には，無断運転者や泥棒運転者ではなくて保有者が運行供用者（つまり賠償義務者）とされることがある。

はその保険契約の当事者でない被害者に，保険会社への直接請求権を与えている（自賠法5条・16条1項）。これも損害賠償義務の履行確保という観点から被害者救済に役立っている制度である。

《訴訟が始まると，Hは，Jがけがをしたのは自分のせいかもしれないが，植物状態になったのは病院のミスのせいで，自分は関係ないと主張した。Jの母親は怒った。「何をいう，おまえが事故を起こしたから，こうなったのではないか？」》

| 因果関係がなければならない

Hの不法行為責任が成立するには，これまで説明してきた「故意・過失」だけでなく，Jに損害が発生していること，そして，その損害発生とHの加害行為の間に因果関係があることが必要である。損害の発生が要件とされているのは，不法行為の目的が損害塡補にあるからである（未遂犯を処罰する刑法とは対照的）。また，因果関係がなければHに責任を帰すべき理由がない。かといって，「風が吹けば桶屋が儲かる」式に無限に広がっていく因果関係ある損害すべてをHが賠償すべきかというと，それも疑問である。たとえば，Jが事故にあったことを知って母親がタクシーで病院に向かう途中で交通事故に巻き込まれて重傷を負ったとしよう。Hによる事故がなければ母親は事故にあわなかったはずだから，Hの加害行為と母親の事故の間に原因と結果の関係（事実的因果関係）——これを「あれなければこれなし」の関係ともいう——があることは確かである。しかし，そこまでHに責任を負わせるのは酷であろう。そこで，Hが事実的因果関係のある損害のうちどこまでについて責任を負うべきかと

いう「損害賠償の範囲」の問題を別に考えなければならない。判例はこの損害賠償の範囲を，事故当時に予見可能だったか否かで確定する（民法416条の類推適用）——駆けつける途中での母親の事故は予見可能性がないが，駆けつけるための交通費の出費が生じることは予見可能だといってよかろう——。このような，法的評価を加えられた因果関係を「相当因果関係」というが，用語法や損害賠償範囲の確定方法については激しい議論がある。

　さて，Jが植物状態になったという損害は病院のミスによって生じたのであるから自分は関係ない，とHが主張したらどうなるであろうか。病院のミスによってJが植物状態になったのは確かだが，交通事故がなければJが植物状態にならなかったこともまた確かなのだから，Hは，交通事故と損害の相当因果関係を否定できず，責任を免れない。もっとも，同じ理由から病院も責任を免れないから，Jが植物状態になったという不可分の一個の損害について，Hと病院の共同不法行為（民719条）が成立し，両者が連帯して責任を負うことになろう（もっとも，共同不法行為ではなく，単純な不法行為が競合しているとみる見解もある）。

違法でなければ
ならない

　次に民法709条は，Hが不法行為責任を負うというためには，Hが「他人の権利又は法律上保護される利益を侵害」していることを，J側が主張立証しなければならないとしている。明治時代に民法が制定された時の民法709条は，Hが責任を負うのは「他人ノ権利ヲ侵害」している場合としていたため，「〜権」とはっきり認められた権利の侵害がなければならないという解釈もありえた（たとえば，桃中軒雲右衛門事件〔大判1914（大正

3）・7・4刑録20輯1360頁〕が有名である）。しかし，それでは硬直的にすぎる。問われるべきは，法律上の保護に値する利益が侵害されたかどうかのはずである。判例は，大学湯事件（大判1925〔大正14〕・11・28民集4輯670頁）でこのような柔軟な考え方に転換していたし，学説でも「権利侵害」を「違法性」（保護されるべき利益の違法な侵害）と読み替えるべきだとする違法性論が有力となっていた（ただし，議論は錯綜しており，「不法行為法理論の混迷」などといわれる）。

　現在の民法709条は，「違法性」概念を正面から取り入れてはいないが，「権利侵害」の場合だけでなく「法律上保護される利益の侵害」の場合にも不法行為責任が発生することを明示的に定め，判例や学説の議論を反映させている（2004年に改正された）。

違法性の判断方法　そして，違法性があるかないかは，被侵害利益と侵害行為の態様を相関的に判断して決すべきだとされる。つまり，侵害されている利益がそれほど保護を必要とするものでなければ，よほど侵害行為の態様が悪くなければ違法性はなく，逆に，被侵害利益の保護の必要性が高ければ侵害態様の悪性がそれほど高くなくても違法性があると判断すべきだということである。このような考え方を「相関関係理

＊**桃中軒雲右衛門事件**　浪花節〔昔のラップソングのようなもの？〕のレコードを無断で複製販売した者に対して，人気浪曲師が損害賠償を求めたところ，裁判所は，著作権法上，浪花節には著作権は生じないので，権利侵害はなく，不法行為は成立しないとした事件（念のために付言すれば，現在では，浪曲師にも著作権が認められる）。
＊**大学湯事件**　京都大学近くに「大学湯」という銭湯があったが，その老舗（ブランド名）の譲受人が，老舗を無断使用した者に対して損害賠償を求めたところ，裁判所は，老舗は所有権などのような具体的権利ではないが，法的に保護されるべき利益であるとして，不法行為の成立を認めた。

論」という。

　HはJにけがを負わせ，Jの身体・健康を侵害したといえる。
生命・身体・健康などは，人の人格的利益（人格権）の重要な例
であり，侵害行為の態様がそれほど悪くなくても（たとえば過失
でも），その侵害には違法性があるといえる。しかし，たとえば，
新聞が政治家のスキャンダルを暴露する場合には，それはその政
治家の名誉（社会的評価）という利益を侵害するものではあるが，
表現の自由（報道の自由）との関係で，報道内容が真実に反し，
そのような誤報をしてしまったことに相当な理由がない場合に，
はじめて違法性があるといわれる（⇒*Column*⑧名誉・プライバ
シー）。

　なお，正当防衛や緊急避難（民720条）――刑法における正当
防衛・緊急避難（刑36条・37条）とは微妙に異なるので，条文
を読み比べてみてほしい――の場合には，違法性が阻却され，不
法行為は成立しない。

　　*Column*⑧　名誉・プライバシー ∾∾∾∾∾∾∾∾∾∾∾∾∾∾∾∾∾∾∾
　　　名誉やプライバシーのような個人の「人格」に関わる利益のこ
　　とを「人格権」という。名誉については民法710条・723条に規
　　定があるが，戦後になって，種々の人格的利益が法的保護の対象
　　になることが認識されるようになってきている。これは，一方で
　　人間の尊厳への自覚が高まったこともあるが，他方でマス・メデ
　　ィアの発達による人格権侵害が急増したことも影響している。
　　　そのことを反映して，名誉毀損（他人の社会的評価を低下させ
　　る行為）やプライバシー侵害（私生活をのぞいたり，私生活を公
　　開する行為）については，民主主義の根幹をなす表現の自由（憲
　　21条）との衝突が問題となることが多い。新聞報道が公共の利
　　害に関する事実について公益目的からなされた場合には，その内

容が真実であれば（あるいは報道機関がそれを真実と信ずるについて相当の理由があったのであれば）不法行為にならないとされ，報道の自由と名誉権の調整が図られている（最判 1966〔昭和41〕・6・23 民集 20 巻 5 号 1118 頁）。また，他人の私生活をみだりに公開することは（たとえ好意的になされたとしても）プライバシー侵害として不法行為になるが，たとえば政治家の前科のように，公人や公職の候補者に対する評価を下すための資料として公開される場合には，その目的の社会的正当性から許される場合があると解され，表現の自由とプライバシー権が調整されている（「宴のあと」事件＝東京地判 1964〔昭和 39〕・9・28 下民集 15 巻 9号 2317 頁，判時 385 号 12 頁参照）。

　また，最近では，プライバシー権をより積極的に「自己の情報をコントロールする権利」ととらえなおす見解も有力化している。知らない業者からダイレクトメールが送られてくるなど，個人情報が流通している状況を背景とする考え方である。個人情報保護法の立法によって，個人情報の目的外利用の規制や本人関与のしくみなど法整備がなされている。

4　被害者は何を請求できるか
●人身損害の賠償を中心に

《弁護士がいうには，勝訴は間違いないが，問題はいったいいくらの損害賠償額が認められるかだといわれた。「J に値段をつけるなんて……」J の母親はやるせなかった。》

損害賠償はお金でする

不法行為に基づいて H の責任を追及する場合，J は「損害賠償」を求めること

になる。損害賠償とは、被害者を加害行為がなかったのと同じ状態に戻すことをいうが、その方法として民法が予定しているのは、金銭による損害賠償である（民722条1項・417条）。これを「金銭賠償の原則」という。Jやその母親には、カネで事を解決しなければならないことに納得しかねるとの想いはあるだろうが、法制度とて万能ではない。不法行為の場合には、現実の原状回復が困難な場合が多いことを考慮しなければならず、次善の措置として採用された原則である。

　ただし、金銭賠償の原則には次のような例外がある。第1に、名誉毀損の場合には、裁判所は被害者の「名誉を回復するのに適当な処分」を命じることができるとされる（民723条）。実務上は、謝罪広告を新聞や雑誌に掲載させる方法がとられている。例外の第2は、不法行為が継続中であるとか（例、公害）、損害発生のおそれがある場合に（例、芸能人のプライバシー暴露本の出版）、裁判所がその中止を命ずる「差止め」である。民法には差止めについての規定はないが、実務上認められている。

| Jの人身損害の種類 | Jには具体的にどのような損害が生じているであろうか。Jのように身体を侵害 |

された場合や、人の生命侵害の場合に生じている損害を「人身損害」という。人身損害は、より具体的には、①治療費、入院費、付添看護費用などの「積極的損害」（Jの持出しになっている損害）や、②この事故がなければJが得られたはずの将来の収入（「得べかりし利益」とか「逸失利益」という）などの「消極的損害」、③Jが感じた恐怖などの「精神的損害」からなる（精神的損害に対する損害賠償のことをとくに「慰謝料」という）。これらの損害項

目ごとに損害額を算定し，それを合算して損害賠償額とするのが実務である（「個別損害項目積み上げ方式」という）。もちろん，これらのうち実際に損害賠償の範囲に入ってくるのは，事故と相当因果関係のあるものに限る。

弁護士費用はとれるか
──積極的損害の例

Jの積極的損害としては何が考えられるであろうか。Jの治療費や入院費，付添看護費は（合理的な範囲内で）当然ここに含まれる。

　では，損害賠償請求訴訟を弁護士に依頼した場合，その弁護士費用（報酬・手数料）も積極的損害として賠償請求できるであろうか。わが国は弁護士強制主義をとっておらず，本人訴訟も可能なので，弁護士費用は相当因果関係にないとも考えられる。しかし，専門化・技術化した訴訟を慣れない一般人が遂行することは難しくなっており，不法行為や安全配慮義務（⇒139頁）の違反に基づく損害賠償請求訴訟においては，その事件の処理に対する報酬および手数料として相当な額が損害賠償額として認められている。なお，裁判所に支払われる「訴訟費用」と弁護士に支払われる「弁護士費用」を混同してはならない。訴訟費用は，原則としてその訴訟に敗訴した当事者が負担することになっている（民訴61条）（弁護士費用が高くて訴訟を利用できない当事者もいるので，一定の場合に弁護士費用についても敗訴者負担制度の導入が検討されたこともある。しかし，敗訴すれば相手の弁護士費用も負担することになるためかえって逆効果だとの批判もあり，導入にはいたらなかった）。

私の値段？ ——消極的損害について

Jの場合，より大きな問題となるのは，消極的損害（逸失利益）である。休業したために得られなかった収入や，死亡・傷害のために将来得ることができなくなった収入など，事故がなければ被害者が働いて得たであろう収入に相当する。Jは学生だったので休業による減収は問題にならないだろう。しかし，植物状態になったJの労働能力は失われており，そのために失った将来の収入が問題となる。その額を正確に求めることは不可能で，ある面ドンブリ勘定にならざるをえないのだが，基本的には，次の計算式で算定される。

（得べかりし年間収入×稼働可能年数）−中間利息

中間利息が控除されるのは，損害賠償の支払が一度に全額を支払うという「一時金賠償」の方法によるために，被害者は何年も先に得るはずの収入を前倒しで得ることになり，額面どおりの賠償ではその後の利息分（これを中間利息という）をもらいすぎることになるからである。控除する中間利息は，法定利率で計算する（民722条1項・417条の2。現在，法定利率は年3％であるが，3年ごとに見直されることになっている〔民404条〕）。もっとも，一時金賠償ではなく，毎月とか毎年といった期間ごとに分割して損害賠償を支払う「定期金賠償」を認める判決もある（なお，⇒民訴117条）。履行確保が困難な反面，被害者や遺族の生活保障という観点からは定期金賠償の方がすぐれている面もある。これによった場合には，前倒しの支払ではないので，中間利息の控除は問題にならない。

事故当時に，現実に就労していた被害者の場合には，その収入が逸失利益算定の基準とされるが（昇給が相当程度の蓋然性で予想

される場合にはそれも考慮される），Jのように事故当時，収入のない者の逸失利益は平均賃金を基準として算定する（被害者が幼児でもそのようにして逸失利益が計算される）。

女性の逸失利益は安い？

しかし，Jの場合にはより大きな問題がある。それは，Jが女性だということである。すなわち，①金銭収入のない専業主婦に逸失利益は認められるのかという問題（男性が専業主夫となる場合も同じ問題が生じる）と，②平均賃金を基準にした場合には男女間で格差が生じてしまうという問題があるからである。①について，かつては，被害者が事故当時に専業主婦であった場合に主婦には収入がないとして逸失利益の賠償を否定するだけでなく，女児が被害者の場合にも，平均初婚年齢までの逸失利益——つまり，結婚退職するであろう年齢までの収入——しか認めない判決などもあった。しかし，現在では，主婦の家事労働も金銭的評価の対象になることは当然視されており，平均賃金を基準とする逸失利益の算定がなされている。他方，②の問題についても，かつては男女別の平均賃金を基準として逸失利益が計算されていたが，現在の裁判実務は，全労働者（男女計）の平均賃金を基準とすることで固まってきており，問題が解消されつつある。

なお，このような男女間格差の問題に限らず，現実年収が少ない者は多い者より，稼働可能年数の少ない高齢者は若者より，請求できる損害賠償額が小さくなり，いわば人の価値に差がつけられているのが，現在の逸失利益算定方法である。そこで，学説のなかには，人間の平等の理念に基づいて，人身損害の場合の賠償額を定額化すべきだとの理論も提唱されている（主唱者の西原道

雄教授にちなんで西原理論と呼ばれる）。

損害賠償額の調整

なお，仮にJが死亡したとすれば，生きていればかかるはずだった生活費が不要になるので，逸失利益から生活費も控除される（不法行為によって生じた利益——違和感があって当然だが，ここでは生活費がかからなくなったことを利益ととらえるのである！）。「損益相殺」といわれる処理である。また，事故の発生についてJにも落ち度があった場合には，公平の観点からそれを斟酌して損害賠償額が定められる。これを「過失相殺」という（民722条2項）。

母親には損害
はないのか？

これまで述べてきたJの損害賠償は，現実には母親が代理してJのために請求することになる。では，母親自身には固有の損害が発生していないであろうか。財産的損害としては，Jの治療費・入院費等の支出が考えられる。これは，Jの損害として請求することもできるし，母親の損害として請求することもできる（二重取りはできない）。母親のような近親者と被害者は経済的に一体と考えられるからである。

　では，母親に固有の慰謝料請求権は認められるだろうか。実は，民法には，被害者が死亡した場合には，被害者の父母・配偶者・子といった近親者に固有の慰謝料請求権を認める規定がある（民711条）。これを反対解釈すれば，被害者が死亡していないJのようなケースでは，母親に慰謝料請求権は認められないことになりそうである。しかし，判例はこの条文を拡大解釈して，「死亡にも比肩しうべき精神的苦痛」をうけた近親者に慰謝料請求を認め

ている（最判 1958〔昭和 33〕・8・5 民集 12 巻 12 号 1901 頁）。J の母
親にも慰謝料請求が認められるであろう。

J が死亡すれば？

　　　　　　　　　　　母親は J の代理人として損害賠償請求を
し，場合によっては上述の固有の損害賠
償請求権を有するわけだが，不幸にも J が死亡したとすれば J の
損害賠償請求権はどうなるのだろうか。その場合，母親は J の代
理人としてではなく，J の相続人として J の損害賠償請求権を行
使することになる（相続説＊──判例・通説である）。死亡した被害
者から得られたはずの扶養を得られなくなる遺族を保護するとい
う考慮に基づく。しかし，子が死亡して親が相続する「逆相続」
の場合（J の場合がそうである），親が相続する損害賠償請求権に
は子の稼働可能年数分の収入（逸失利益）が含まれるが，その稼
働年数の終わりの頃の収入は親が死亡してからのものである可能
性が高い。親は自分が死亡したあとの子の収入までも相続してし
まうことになる。また，J の死亡によって何らの打撃も受けてい
ない，生前は疎遠だった相続人が現れ，損害賠償請求権を相続す
ることもありうる（「笑う相続人」の問題）。相続説にはこのよう
な問題点があるといわれる。
　そこで，不法行為に基づく損害賠償請求権の相続を否定して，

＊**相続**　　人が死亡したとき，その人の遺産は相続の対象となる。相続には，大
きく分けて遺言相続と法定相続がある（民法第 5 編）。遺言は，遺言者が生前
に死後の財産処分を定めておく書面で，一定の方式に従って作成されなければ
ならないが，内容は遺言者が自由に決めることができる（遺言自由の原則）。
ただし，一定範囲の相続人（配偶者・直系卑属・直系尊属）には，必ず一定割
合の遺産が留保される（遺留分）。遺言がのこされていなければ法定相続によ
る。法定相続については，誰と誰が相続人か，それぞれの相続人の相続分はど
れだけか等を民法が定めている。

遺族には（被害者から受けるはずであった扶養を受けられなくなったなどの事情があればその範囲で）固有の損害賠償請求権を認めようという考え方が学説で主張されている。しかし，それではJが生きている方が，Jが死亡した場合よりもHが支払うべき損害賠償額は大きくなり，いわば殺した方が安上がりというおかしなことになる問題もあり，判例はこの立場にはたっていない。

判決は紙切れ？

損害賠償額がいくらになるかはともかく，本件でJは勝訴判決を得ることができるだろう。しかし，実は判決を得ただけでは問題は解決しない可能性もある。Hが自発的に判決内容を履行してくれなければ判決（債務名義）に基づいて強制執行（裁判所がHの責任財産を差し押さえ，競売に付して換価し，Jはそこから交付・配当を得る）の手続をする必要があるからである（民事執行法による）。さらに，強制執行をしたとしても，Jは十分な満足を得られるとは限らない。Hに十分な資力があるとは限らないからである。その場合，判決は絵に画いた餅にならざるをえない。

《定期金賠償の勝訴判決を得て，Jの母親は一息ついた。Hの加入していた任意保険の額は小さく，Hの財産もほとんどなかったが，Hはこれから少しずつ賠償金を払ってくれるわけだ。それにHの責任を裁判所が認めてくれたことがうれしかった。ただ，今後のJの生活を考えると，Hからの支払だけでは不安である。弁護士のすすめで，Jの母親は旅行会社と病院の責任追及も考えてみることにした。》

⓵ 裁判とは何か

　私人間の紛争（民事紛争）は，当事者が和解（示談）や調停等の方法によって自主的に解決することができるが，それが功を奏さない場合に，最後に控えているのが「裁判」である。裁判とは，裁判所が紛争の解決について下す裁断のことをいう（判決・決定・命令の３形式がある）。「訴訟」は裁判のための典型的な手続であり，民事訴訟の手続は「民事訴訟法」が定めている。なお，民事紛争のなかでも家事紛争については特別の手続があり（⇒171-172頁），行政訴訟については行政事件訴訟法による（⇒200-201頁）。

　「裁判」がそれ以外の紛争処理制度と最も違っているのは，裁判には強制がともなうということである。たとえば示談（和解）であれば，紛争当事者が自発的に交渉のテーブルにつく必要があるし，両当事者が示談の内容に合意をする必要がある。しかし，訴訟においては，訴えられた当事者には応訴義務があり，欠席すれば相手の主張を認めたものとされて欠席判決をうける場合がある（民訴159条）。また，一方の当事者が判決の内容に不満でも（両当事者が別の解決に合意しないかぎり），判決が確定すればそれがその紛争の最終的な解決基準とされるのである。

⓶ 民事訴訟における私的自治

　とはいえ，民事訴訟は元来が民事紛争を解決するための手続なので，その手続においても私的自治がある程度みとめられている。

第1に，「訴えなければ裁判なし」といわれ，当事者が訴えを提起してはじめて手続が開始するし，当事者が求めていない事項について裁判所は判決を下せない（民訴246条）。当事者は訴えを取り下げることもできる。これらを，処分権主義という。

　第2に，審理のための証拠を提出するのは当事者の役割とされていて（弁論主義），裁判所は，①当事者の主張しない事実を判決の資料としてはならない，②当事者間に争いのない事実は，そのまま判決の資料としなければならない，③当事者間に争いのある事実を認定するには，当事者の提出した証拠によらなければならないとされる。したがって，争いのある事実については一方の当事者が証明責任を負う。たとえば，民法709条に基づく損害賠償請求をする場合には，Hの無過失が明らかになった場合はもとより，過失の有無がはっきりしない「真偽不明」の場合にも，過失はなかったものとして扱われ，Jの不法行為に基づく請求が棄却される。このように，真偽不明の場合に事実認定において不利益をうける当事者（この場合はJ）が「証明責任」を負っているという（なお，自賠法3条に基づく証明責任の転換については，⇒92頁）。証明責任が果たされたかどうかは，裁判官が口頭弁論の全趣旨および証拠調べの結果を斟酌して判断する（自由心証主義，民訴247条）。

③ 訴訟のプロセス

①　訴えの提起　　訴えの提起は，訴状を裁判所に提出する方法で行う（民訴133条）。なお，わが国は「弁護士強制主義」をとっていないので，「本人訴訟」も認められる。

　ところで，裁判所はどのような訴えでも引き受けてくれるとは

限らない。「訴訟要件」が整っていなければ訴えは実体審理もしてもらえず「却下」（いわば門前払い）される（訴訟要件が整っている場合に，請求の実質について下される「本案判決」では，請求は「認容」か「棄却」される）。たとえば，訴訟係属中に同じ対象（これを訴訟物という）について，別訴を提起しても却下される（二重起訴の禁止，民訴142条）。また，それぞれの訴えには，本案判決を下すだけの正当な利益（訴えの利益）がなければならないし，それぞれの原告・被告がその事件において判決の名宛人となるにふさわしい者である必要もある（当事者適格）。たとえば，Jの友人が義憤にかられてHに損害賠償請求をしても，その友人には当事者適格がないから訴えは却下される。

② **口頭弁論の構造**　訴訟の審理は「口頭弁論」という方式ですすめられ，口頭弁論期日に当事者双方が法廷に集まって，判決を下す裁判官の面前で，お互いに主張を述べあう形で弁論を展開するのが原則である。そこでは，当事者双方に主張を述べる機会が平等に与えられるが（双方審尋主義，当事者平等の原則，武器対等の原則），これは中立の裁判官が双方の言い分にきちんと耳をかたむけて判決を下すことによって，裁判を公平なものとするためである。また，書面ではなくて口頭で弁論がなされたり（口頭主義，民訴87条1項），判決を下す裁判官の面前で弁論を行うのは（直接主義，民訴249条），その方が臨機応変な審理ができて，裁判官が当事者の弁論から受けるヴィヴィッドな印象で，事件の真相をつかみやすいからである。

　また，口頭弁論は公開で行われる（公開裁判の原則，憲82条）。これによって，裁判が公正に行われていることを公衆に監視させるとともに，裁判が公正であることを公衆に示すためである。

③ **迅速で充実した審理**　1996 年に制定された現在の民訴法では，裁判の迅速化が課題とされ，口頭弁論の充実と訴訟の迅速化を図るため，審理を短期間に集中して行う「集中審理方式」を導入した点に特徴がある。集中審理によって裁判官の記憶が新しいうちに事件を処理できて効率的であるし，緊張感のあふれる口頭弁論が行われ，口頭主義，直接主義の趣旨がいかされることが期待されるからである。ⓐ「争点及び証拠の整理手続」（164～178 条），ⓑ「当事者照会制度」（163 条），ⓒ「集中証拠調べ」（182 条）などがその表れである。また，当事者の主張・立証は，適切なタイミングで提出しなければならないという「適時提出主義」（156 条）が採用され，後れて提出された主張・立証は却下されることがあるのも（156 条の 2・157 条），審理の迅速化に役立つ（かつては随時提出主義がとられ，訴訟遅延の原因となっていた）。

　さらに，2003 年に制定された裁判迅速化法は第 1 審が遅くとも 2 年以内で終わることを目標として掲げ，民訴法も同年に「計画審理」制度を導入した（民訴 147 条の 2 以下）。

④ **訴訟の終了**　以上のような審理を経て，判決を下すのに訴訟が熟した時点で裁判官は終局判決を下す（民訴 243 条）。その判決が確定すれば，その判決に基づいて強制執行をすることができ（執行力，民執 22 条），また，その訴訟で対象となった事柄（訴訟物）について，その当事者間ではもはや争うことはできなくなる（既判力，民訴 114 条・115 条）。ところで，実際には，「訴訟上の和解」によって終了するケースが全体の 3 分の 1 ほどある。これは，訴訟係属中に裁判官の面前でする和解のことで（裁判官が和解を試みることもある〔和解勧試，民訴 89 条〕），その内容は和解調書に記載され，確定判決と同じ効力を有する（民訴 267 条）。

④ 三審制と上告制限

　なお，わが国は三審制をとっており，第一審判決に不服がある当事者は「控訴」，控訴審判決に不服がある当事者は「上告」というように「上訴」できるのが原則である。三審制は，誤判を少なくして裁判の適正を確保することを目的とする（同時に上級裁判所による法令解釈の統一が図られて法的安定性が高まるという機能もある）。

　ところで，第一審と控訴審が事実認定と法令の解釈適用を行う「事実審」であるのに対して，上告審は事実審理を行わない「法律審」であり，原判決に法令違背があることのみが上告理由となる。ただし，最高裁に上告する場合には，すべての法令違背が上告理由になるわけではなく，憲法違反か，重大な手続違背がある場合でなければならない（民訴312条）。それ以外の法令違背を理由とする上告は「上告受理制度」（民訴318条）によらなければならない。これは，法令の解釈に関する重要な事項を含む事件だと最高裁が認めた場合にのみ上告を受理する制度で，最高裁の過重負担を軽減して，審理するに値する事件（重要な法律問題を含んだ事件）を厳選して，その本来の職責を果たせるようにするために1998年に導入された制度である。

　上告理由が認められない場合には「上告棄却」，上告理由を認める場合には原判決を「破棄」する判決となる。破棄判決の場合，事実審をやりなおす必要があれば「破棄差戻」（原審に差し戻される），その必要がなければ「破棄自判」（上告審がみずから判決をくだす）の判決となる。

裁判官が高いところに着席し，当事者は対面して着席する従来の法廷
（写真左）ばかりでなく，裁判官と当事者が1つのテーブルを囲んで座
るラウンドテーブル法廷（写真右）もある。この方が膝を突きあわせた
自由な議論がしやすい雰囲気が生まれる。

⑤ 少額訴訟手続・集団的消費者被害回復訴訟手続

ところで，小さな額をめぐって通常の民事訴訟手続で争うこと
は，時間や費用の面で難しいことが多い。そこで，当事者が泣き
寝入りをしないでよいように，訴額60万円以下の金銭をめぐる
争いについては，簡易裁判所が1回の口頭弁論ですぐに判決を言
い渡し，控訴も制限される「少額訴訟」（民訴368条〜381条）の制
度が活用されている。

また，消費者が個別に事業者を訴えるのは困難なことが多いた
め，消費者団体が事業者を訴える制度も整備されつつある。まず，
2006年には，認定を受けた適格消費者団体が，事業者を相手取
って契約の不当な勧誘や不当条項の使用について将来に向けた差
止請求をできる「消費者団体訴訟」の制度ができた（消費者契約
法12条以下。その後，2008年に特定商取引法58条の18以下・不当
景品類及び不当表示防止法30条も規定された）。さらに，2013年に
は，多数の消費者に同種の財産的被害が生じた場合に，一定の適
格消費者団体がまとめて損害賠償請求訴訟等をできる「集団的消

費者被害回復訴訟」の制度もできた（消費者裁判手続特例法〔2016
年10月1日施行〕）。これらは司法へのアクセスの拡大に向けた努
力の一環といえる。

♪ Break ③　さまざまな法律の分類 ♪

　法律家というと，あるいは法学部出身であるというだけで，しばしば法律のことなら何でも知っていると思われがちです。でも，法律を学べば，それが大きな間違いであることに気づくのにそんなに時間はかからないでしょう。法律はあまりにもたくさんあって，法律すべてを理解するなんて不可能なのです。

　でも，日常生活に必要な法律はそんなに多くはありません。それらは，憲法，民法，商法，刑法，民事訴訟法，刑事訴訟法などであり，通常「六法」と呼び慣わされているものです。これらの法律の基本さえ理解していれば，あとは必要なときに，必要なことを調べれば，それで何とかなるものです。

　これらの法律は，いろんな形で区別されます。国や地方公共団体と国民あるいは住民との間の関係を規律する法を公法（憲法など）と呼び，私人間の関係を規律する法を私法（民法や商法）と呼ぶことがあります。また，国や地方公共団体と国民ないし住民との関係や市民相互間の関係を直接規律する実体法（民法や刑法）と，それを争う手続を定めた手続法（民事訴訟法や刑事訴訟法）とに区別することもあります。

　これ以外に，行政を規律する行政法，労働関係を規律する労働法，取引や経済活動を規律する経済法など，法律の分野にはさまざまなものがあります。また，国を離れ国際社会に目を移せば，国と国の合意である条約や国際慣習法などによって構成される国際法があります。

　これらの個別の法領域は，あくまで基本となる六法を理解していなければ適切に理解できません。その意味でも，まずは六法をしっかりと理解することが必要です。

第**4**章 病院と旅行会社の責任

民法 契約法の基礎

なぜ契約は守らなければならないのか，守らなくてもよい場合は
あるのか。そもそも契約とはいったい何だろうか，まったく自由
に契約はできるのだろうか。そして，契約違反（債務不履行）を
した場合に法はどのような対応をするのだろうか。本章では，民
法のなかでも「契約法」といわれる分野について考える。

1 私的自治という大原則①

●契約は守らなければならない

《事故からさかのぼること1ヵ月，卒業試験を前にしたJは，卒
業旅行の契約に友人たちと旅行会社を訪れた。それが運命の契約
になるとは知らずに……》

| 契約なしでは社会 は維持できない |

Jが参加していたパック旅行は，旅行会
社が企画したものであった。Jはその旅
行会社と「企画旅行契約」という契約を
していたことになる。この契約によって，Jは自分で移動のため
の交通手段，宿泊先などを手配する手間を省くことができるし，
自分で手配するよりも全体の費用が安くすむことが多い。スーパ
ーで野菜を購入する売買契約にしても，業者に家を建ててもらう

建設請負契約にしてもそうだが，このようにモノと代金，サービスと代金というように財産を交換する契約は，社会が分業のメリットを生かすためのメカニズムとして必要な制度だといえる。

なぜ国家は契約
を保護するのか

自給自足の社会でない限り，締結された契約が守られることは円滑な社会生活の維持に不可欠である。だから，国家（裁判所）は契約を保護する。「契約は守られなければならない（pacta sunt servanda）」とか「契約は拘束する」とされ，当事者は契約から発生する義務を履行しなければならないのである。そして，たとえば，Jが代金を支払おうとしなければ旅行会社は裁判所を通じて支払を強制できるし（強制履行，民414条），一流ホテルに宿泊するという契約だったのに用意されたのがカプセルホテルだったのであれば，Jは旅行業者に宿泊先の変更（追完請求，民559条・562条）や値引き（代金減額，民559条・563条），「損害賠償」（民415条）を求めることができる。また，ワールドカップの観戦ツアーなのに試合のチケットが手配されていなければ，契約を「解除」して代金を払わなくてもよいようにできるし，すでに支払ったのであれば返還を求めることができる（民540条以下）。また，単に気が変わったからといって，Jが1度支払った代金を返せといえないのも，契約があるからである。国家はこうして契約を保護し，契約という制度への社会の信頼を維持するわけである。

合意したから拘束される

もちろん，契約したのでなければ，Jや旅行会社は強制履行や損害賠償を甘受しなければならないいわれはない。契約がなければ「合意」がない

からである。言い換えれば，両者はパック旅行について「合意」したからこそ，契約に拘束されるのである。このように，自由で平等（対等）な個人が自由な「意思」（法律学では「意志」ではなくて「意思」と書く）に基づいて作り出した法律関係を尊重すべきだという思想を「私的自治の原則」または「意思自治の原則」という。

　ただし，契約の基礎とされた事情が契約締結後に大きく変わり，当初の契約をそのまま強制したのでは不公正が生じると考えられる場合がある。たとえば，急激なインフレ進行や戦争勃発によって契約の履行が困難になる場合である。そのような場合には，当事者が相手方に再交渉を求めたり，裁判所による契約内容の改訂，契約解除などができると考えられている。これを，「事情変更の原則」という。この原則の適用を広範に認めると取引安全が大いに害されるから，その適用には慎重を期さなければならないが，「契約の拘束力」は必ずしも絶対的なものではないことを認識しておく必要がある。

<hr>

本当は合意していなかった場合には──①意思表示の瑕疵

ところで，契約の拘束力の根拠は「合意」にあるのであるから，契約を締結したとしても，合意に瑕疵（または意思表示の瑕疵）──瑕疵とはキズのこと──がある場合や，そもそも当事者に合意をする意思がなかったのであれば，その契約に拘束力が本当にあるのか問題となる。

　民法は，思い違いによる意思表示，だまされてした意思表示，おどされてした意思表示（それぞれ「錯誤」「詐欺」「強迫」による意思表示という）は，意思表示に瑕疵があるために，その意思表

示をした者（表意者）は一定の場合に取り消すことができると定めている（民95条・96条）。

　たとえば，スキーのパック旅行を申し込んだつもりだったのに，記入した申込書はゴルフのパック旅行用のものだった場合には「錯誤」（思い違い）がある。しかし，一方当事者の勝手な思い違いで契約が取り消されると，相手方にとってははなはだ迷惑である（これを「信頼」や「取引安全」が害されるという）。そこで，錯誤により契約を取り消すためには，①その錯誤が重要なものであること（契約の目的や社会通念に照らして，その錯誤がなければ契約を締結しなかったといえること），および，②その錯誤が表意者の重大な過失によるものでないか，表意者に重大な過失があっても相手方が表意者の錯誤を知っているか，知らないことに重大な過失があることなどが必要とされる（民95条1項・3項）。このようにして，民法は，錯誤に基づいて意思表示をした表意者の保護と，相手方の保護のバランスをとっているのである。

　これに対して，温泉付きのスキーのパック旅行を申し込むつもりであったのに，旅行会社にだまされて温泉が別料金であった場合でも思い違いは生じているが，この場合は表意者は自分で勝手に思い違いをしたのではなく，だまされて思い違いをした点が大きく異なる。そのため，このような「詐欺」による意思表示については，単なる錯誤の場合と違って，その思い違いが重要なものであるかどうかを問うことなく，だます側が，故意にだまして，思い違いをさせて意思表示をさせようとしたのであれば，その契約を取り消すことができる（民96条1項）。温泉付きツアーの例では，錯誤による取消しはできないかもしれないが（錯誤の重要性が否定されそうである），詐欺による取消しはできるであろう。

なお，詐欺をはたらいたのが相手方（ここでは旅行会社）ではなく，契約当事者ではない第三者であれば，取消しをできるのは相手方が詐欺を知っていたか，知ることができた場合に限られる（民96条2項）。

このように，錯誤・詐欺による意思表示の取消しがどのような場合に認められるかは，表意者と相手方の利益のバランスを考えて決められているが，そのような当事者間だけでなく，第三者の利益も考えなければならないことがある。たとえば，AがBに対して不動産を売却し，BがそれをCに転売したあとで，AとBの契約が錯誤または詐欺によって取り消されたとする。この場合，Bはその不動産の所有者ではなかったことになるから（民121条），CはBから所有権を取得できていなかったことになる。しかし，CがAB間の契約の錯誤・詐欺を知らず，また知らないことについて過失もない場合には，思い違いをした表意者よりも，第三者（ここではC）を保護すべきと考えられる。そこで，民法は錯誤や詐欺による取消しの効果は善意・無過失の第三者には対抗できない（主張できない）とする（民95条4項・96条3項）。

「強迫」による意思表示の取消しについては，また異なるバランスのとりかたがされている。おどされて意思表示をした当事者は，錯誤や詐欺の場合以上に保護するべきであると考えられるから，強迫によって意思表示をしたといえれば，契約を取り消すことができる（民96条1項）。強迫をしたのが契約の相手方ではなくて，第三者である場合でも，契約の相手方が強迫の事実を知っ

＊**善意と悪意**　法律学で善意とか悪意というとき，その意味は日常用語とかなり異なる。善意とは「知らないこと」をさし，悪意とは「知っていること」をさす。

ているか否かを問わずに取消しが認められる。また，取消しは，第三者（上記の例のC）にも対抗することができる。このように，強迫による意思表示をした当事者には，錯誤・詐欺の場合よりも，厚い保護が与えられている。

本当は合意していな──②
かった場合には
意思の不存在

錯誤・詐欺・強迫など，意思表示に瑕疵がある場合と異なり，合意をする意思が存在しない場合には，契約は無効とさ*

れる。民法は2つの場合を規定している。まず，Aが冗談で「自宅を10円で売ろう」とBに言って契約を締結したような場合は，冗談なのだからAは売る意思を欠いている。しかし，だからといって，そこで無条件に契約に拘束力がないとすると，相手方Bが本気にしていたときに迷惑をかけることになる。そこで，そのような場合でも契約は有効であるのが原則であるが，Bが冗談だと認識すべきだった場合には，Aは例外的に契約の無効を主張できるとされている（心裡留保，民93条1項）。また，たとえば，借金があって自宅を差し押さえられそうだというAが，友人Bとグルになって（これを「通謀する」という）自宅をBに譲ったことにし，差押えを逃れようとしても，Aには本当はBに譲る意思はなく，Bもそのことを知っているのだから，この売買契約は無効で，Aは差押えから逃れられない（虚偽表示，民

＊無効と取消し　　無効も取消しも契約の効力を否定する点では共通するが，①取り消すことのできる契約は，取消しがなされるまでは一応有効で，取消しがなされてはじめて契約の効力が遡ってなくなるのに対して，無効な契約は最初から効力がない。また，②無効は誰でも主張することができるのに対して，取消しは法律によって取消権を与えられた者しか行使できない（具体的には，制限行為能力者〔→125-126頁〕と錯誤・詐欺・強迫による意思表示をした者である）。

94条1項)。もっとも，心裡留保や虚偽表示によって契約を無効とすると，無効であることを知らない第三者が不利益を被り，取引安全が害される。たとえば，心裡留保や虚偽表示の例のBが，事情を知らない第三者Cに建物を転売した場合，AB間の契約が無効だとするとBは所有権を取得していないから，Cに譲渡できる所有権は存在せず，何も知らなかったCが迷惑をうけることになる。そこで，心裡留保や虚偽表示による無効は，善意の第三者に対しては対抗できない（主張できない）とされる（民93条2項・民94条2項）。

このように，意思表示の瑕疵や意思の不存在があるからといって，その意思表示をした人が一律に保護されるのではなくて，相手や第三者の信頼や取引安全の保護にも配慮をして，バランスが図られているのである。信頼を保護することもまた，契約（合意）を保護することと同様，社会の維持に不可欠だからである。

| 契約書は必要か |

契約は，合意があれば契約書がなくても拘束力を有するのが原則である（民522条2項。例外として，たとえば保証契約⇒134頁＊）。このように合意のみで成立する契約を「諾成契約」という。もっとも，諾成契約でも，実際には契約書がないと，あとから契約があったことやその内容の証明が困難になるから，重要な契約では契約書が作られることが多いが，契約書がなくても証明ができれば口頭の契約でも完全な拘束力を有する。ただ，不動産取引や企業合併のように慎重になされる取引においては，契約書が作成されるまでは合意に完全な拘束力はないというのが取引慣行であるといわれる。これは，契約書がないと契約の拘束力がないというよりも，契約

書が作成されるまでの間は，契約が成立したといえるほどに合意が熟していないのだと考えるべきであろう（「契約の熟度」論といわれる）。

　なお，行政目的から事業者に書面交付が義務づけられることがある。Jも旅行会社から書面交付を受けていたはずであるが（旅行業法12条の5)，この書面交付がないことは，契約の拘束力とは関係ない（書面交付をしない旅行業者に罰金は課される〔旅行業法31条〕）。ただ，特定商取引法や割賦販売法などの特別法では，この書面交付の時点から一定期間は消費者は自由に契約をキャンセルできる制度（クーリング・オフ制度⇒126頁，128頁）がある。そこでは，書面交付がされない限りいつまででもキャンセルができるから，その特別法の適用を受ける契約では，書面交付がない限り契約に完全な拘束力はないということになる。

| 国家は選り好みする |

しかしながら，すべての合意が法的な拘束力を有するわけではない。①たとえば，Jの恋人が，Jとのデートの約束をすっぽかしても，Jは損害賠償を求めることはできないだろう。それは国家が助力するほどの合意ではないと考えられるからであり，このような合意は単なる「社会的約束」といわれる。②また，贈与などの「無償契約」（対価のない契約のことで，対価をともなう「有償契約」が経済的に重要な役割を果たしているのと対比される）も社会を維持するうえでの重要性が小さく，国家はその保護に熱心ではない。贈与契約は書面でなされれば完全な法的保護を受けるが，そうでない限り履行をしていない部分はいつでも解除することができる（民550条）。

また，当事者の合意があるのに国家が公益的見地からその法的保護を認めない場合もある。

第1は，契約が「公序良俗」に反する場合であり，そのような契約は無効である（民90条）。たとえば，売買春契約（援助交際契約）は性道徳に反するものとして無効である。ただし，いったん支払った金銭を，後から契約は無効だったから返せとはいえない（不法原因給付，民708条）。これは，「クリーン・ハンズの原則」（裁判所に助力を求める者は，自らの手が汚れていてはならない）という考え方の現れである。

第2は，強行規定に違反する契約である（民法91条の反対解釈）。強行規定というのは，公の秩序に関する規定のことで，当事者がそれと異なる内容の契約をすることは，いくら契約が自由だからといっても禁止される。たとえば，特定商取引法や割賦販売法等に規定されているクーリング・オフは強行規定で，当事者の合意でクーリング・オフをできなくすることは禁止される。

2 私的自治という大原則②

●契約の自由

《事故の直前，Jは送迎の自動車がくるはずだったのにと釈然としない思いで歩いていた。》

国家は干渉しない

迎えがくるはずだったかどうかはどうやって判断するのだろうか。ここでは，Jと旅行会社が合意していた契約内容がどのようなものであったか

を第1に考えなければならない。契約内容は，当事者が自由に決めてよいからである。これは合意を尊重すべきだという「私的自治の原則」の1つの帰結であるが，国家が契約内容に干渉しないのは，個人の自由競争に取引をゆだねれば，「神の見えざる手」によって予定調和が達成されるという古典的な経済思想に基づく。このように，国家が契約に干渉しないことを「契約自由の原則」という。

　契約自由の原則には，①契約締結の自由，②契約内容の自由，③方式の自由，の側面があるとされる（民521条・522条2項）。Jは，旅行契約の締結を強制されることはない（①）。ただし，Jが担ぎ込まれた病院は診療を拒む自由はない〔医師法19条1項〕。これは公益的観点から契約締結の自由が修正されている例で，水道や電気の供給などにも同様の例がある。NHKの受信契約も受信設備設置者には締結義務がある（最大判2017〔平成29〕・12・6民集71巻10号1817頁〕）。また，すでに説明したように，契約書の作成などの方式によらなくても契約はできる（③）。

| 契約の穴を埋める |

このように契約は自由だとすると，民法は契約が拘束力を有することだけを定めておけばすみそうである。しかし，実際には民法には契約に関する規定が数多くある。たとえば，民法によればJはパック旅行の代金を旅行会社の現在の住所で支払うこととされている（民484条）。当事者が別の場所で支払いたい場合でも，この民法の規定に従わなければならないのだろうか。もちろん，そのようなことはない。これらの規定は，強行規定と対比して「任意規定」といわれ，当事者が自由に（任意に）その内容を変更することができ

るのである（民91条）。言い換えれば，任意規定は当事者がとく
に合意をしなかった事項を補充するための規定であり，任意規定
があるおかげで当事者はいちいちすべての事項について合意する
手間が省かれる（取引費用の軽減）。民法484条が「別段の意思表
示がないとき」には債権者（旅行会社）の住所地で履行すべきと
しているのは，この規定が任意規定であることの現れである。た
だ，注意しなければならないのは，すべての任意規定に「別段の
意思表示がないときは」という文言があるわけではない，という
ことである。ある規定が強行規定か任意規定かは，それぞれの規
定の趣旨から判断せざるをえない。

> パック旅行はだめ？

また，民法549条から696条には，贈与，
売買，交換，消費貸借，使用貸借，賃貸
借，雇用，請負，委任，寄託，組合，終身定期金，和解の13種
類の契約（これらを「典型契約」とか「有名契約」という）が規定
されているが，Jが結んだ企画旅行契約については規定がない。
しかし，これは企画旅行契約は禁止されているということでは決
してなく，典型契約についての規定は，代表的な契約類型ごとに，
それらにふさわしいと考えられる任意規定を集めたものにすぎな
い。したがって，主催旅行契約のような「非典型契約」（「無名契
約」ともいう）をすることは何ら妨げられないのである。

3 私的自治の尽きるところ①

●保護される人々

《Jの母親は思った。「Jは成人しているから私はもう親権者ではないはず。私が勝手に示談や訴訟をしてよいものかしら。だめなら，Jは自分では動けないから泣き寝入りをしなければならないの？」弁護士がいうには，植物状態になったJのような人のために後見人をつける制度があるという。》

人でなければ契約できない（権利能力）

契約は自由だし，拘束力がある。では，誰でも契約できるのだろうか。これは「誰でも契約当事者になれるか」という問題と，「誰でも自分で意思表示をして契約をできるか」という問題の2つを含む。

まず，人は誰でも「契約の当事者」になることができる。これは，誰でも契約から生ずる権利・義務の帰属主体になりうるということであり，これを人は「権利能力」を有するという（民3条）。逆にいえば，「人」でなければ権利能力をもたない。家族の一員のように可愛がられて自分を人間だと思い込んでいるペットも，契約当事者にはなれないのである。*

＊法人　「自然人」のほかに，所定の手続を経て設立された会社や非営利の社団・財団は，「法人」として，権利能力が与えられている。法人の具体的な種類は，民法，会社法，一般法人法などで規定されている。

Column⑨ **高齢社会と成年後見制度** ∼∼∼∼∼∼∼∼∼∼∼∼∼∼∼∼∼∼∼∼∼∼∼∼∼∼

　社会の高齢化が進み，「介護」（身のまわりの世話）とならび，判断力の低下した高齢者の「財産管理」をどう手助けするかが現代社会の重要な課題となっている（介護に関しては，⇒*Column*⑪老親扶養と介護保険）。

　そこで設けられたのが「成年後見」の制度である（2000年4月施行）。成年後見制度は，その前身である禁治産制度が柔軟性を欠いて利用しづらい制度であったこと（たとえば本人の残存能力を活用できない）などの反省をふまえてつくられたものである。判断能力（事理弁識能力）の欠如の程度に応じて，①成年被後見人（事理弁識能力を常に欠く場合），②被保佐人（事理弁識能力が著しく不十分な場合），③被補助人（事理弁識能力が不十分な場合）の3つの類型が用意され，本人の自己決定をできるだけ生かすかたちで，柔軟に行為能力が制限されるように工夫されている（本文参照）。また，後見人・保佐人・補助人を選任するのは家庭裁判所であるが（司法書士，弁護士，社会福祉士など家族以外の第三者後見人が選任される例が7割を占める），任意後見契約の制度を使えば，自分が認知症等になったときに備えてあらかじめ後見人とその権限を決めておくこともできる。

　ただ，成年後見制度も施行から年数がたち，問題点も明らかになってきている。何よりも，後見人等による不正（被後見人等の財産の着服など）の多発が社会問題となっている。後見人には家庭裁判所が選任する後見監督人や家庭裁判所自体による監督がついているが，監督体制の強化が課題となっている。また，成年後見制度が本人の意思決定を支援するのではなく代行する制度になっているとすれば，それは本人の権利保護のあり方として問題であるとの認識も広まりつつある。国連障害者権利委員会は，韓国やドイツなどにおける日本と類似の成年後見制度について，意思決定代行を認めるものである点で障害者の権利に関する条約（障害者権利条約）に抵触するとして是正勧告をしており，日本政府

に対する同様の是正勧告が近い将来にされることも予想されている。

～～～～～～～～～～～～～～～～～～～～～～～～

「クーリング・オフ」という制度である。これは，いったん契約をしてしまっても，一定期間内であれば契約を自由に（理由を示さずに）キャンセル（正確には申込の撤回または解除）できるというもので，消費者保護を目的とした種々の特別法で採用されている。たとえば，セールスマンが消費者の自宅を訪問して商品等を販売する訪問販売といわれる販売方法があるが，消費者が事業者の店舗に行って買い物をする場合と異なり，訪問販売の場合は消費者はいきなりの訪問をうけて，たくみなセールス・トークに乗せられて気持ちの準備が整わないうちに契約をしてしまうことがある。そのような場合に，あとから「頭を冷やして（cool off して）よく考えてみる」時間を与えるのがこの制度である。たとえば，特定商取引法は，訪問販売（キャッチ・セールスなどを含む），通信販売，電話勧誘販売，マルチ商法，特定継続的役務提供，内職・モニター商法，訪問購入（押し買い）等による消費者被害を防ぐために，事業者に契約内容を記した書面の交付義務を課すとともに，書面受領時から起算して訪問販売，電話勧誘販売，特定継続的役務提供につき8日以内，マルチ商法，内職・モニター商法につき20日以内のクーリング・オフ権を認めている（9条等）。

| 不当な勧誘の禁止 |

また，消費者が不当な勧誘をされた場合に，契約の取消しや損害賠償を認める法律や判例も発達してきている。代表的なのは消費者契約法で，事業者が，①重要事項について事実と異なることを告げたり（不実

告知），将来の不確実な事項についての断定的判断を提供する（例，「この株は必ず値上がりします」）などして消費者を「誤認」させて契約を締結した場合，②強引な勧誘（不退去や監禁）や不安をあおる勧誘で消費者を「困惑」させて契約を締結した場合，③消費者にとって「過量」な内容の契約であることを知りながら勧誘して契約を締結した場合などに，消費者に契約の取消権を与えている（4条）。

　この他にも，事業者に重要な事項についての「説明義務」を課す法理や，顧客の知識・経験・財産の状況等に照らして不適切な勧誘をすることを禁止する「適合性の原則」という法理（たとえば，投資の知識も経験もない高齢者に対して，ハイ・リスクの金融商品の勧誘すること自体が禁止されることもある）も注目される。適合性の原則は，証券や保険などの金融商品の取引の分野で生まれたものだが（金融商品取引法40条1号，金融商品販売法3条2項など），それ以外の分野でも取り入れられつつある（消費者基本法5条1項3号，特定商取引法施行規則7条3号）。事業者が，説明義務や適合性の原則に違反して勧誘した場合には，行政処分や刑事罰を課す法律が多いが，判例ではさらに消費者からの損害賠償請求も認めている（なお，金融商品販売法5条も参照）。

　以上のような不当な勧誘の禁止に関する法律や判例も，事業者と消費者の情報力・交渉力の格差に配慮した，消費者のための後見的な制度であるといえる。

4 私的自治の尽きるところ②

●契約自由の制限

《Jの母親は旅行会社に対して損害賠償を求めようとしたが，約款に「免責条項」があるといわれた。Jの旅行契約書の裏面をみると，たしかに小さな字でそのような規定が印刷されている。でも……》

なぜ約款は拘束するのか

旅行契約にかぎらず，アパートの賃貸借契約，携帯電話の利用契約，銀行との預金契約等々，私たちが日常生活でする契約の大部分について，私たち利用者が契約時にその細かい契約内容を話し合うことはまずない。業者が事前に決めた定型的な取引条件が，契約書の裏面に印刷されているだけである。いくつかのオプションを選ぶことはできても，基本的には定型的な取引条件を私たちは受け入れざるをえないし，そもそも契約締結時にその内容をゆっくり読むこともない（場合によってはその存在さえ知らない）。このように，事業者が，取引を画一的に処理をするために一方的に事前に定めた契約条件のことを「約款」という。

もし約款がなければ，企業は契約をするたびに利用者と契約内容について交渉しなければならず，取引コストが膨大になる。普段は意識しないが，電車に乗るのさえ旅客運送約款による契約なのである。乗客の1人ひとりと鉄道会社が一から交渉するわけにはいかないだろう。企業はまた，会社の方針に沿わない契約を現場の担当者レベルで締結され，異なる内容の契約を大量に抱える

ことを避けたいと考える。約款は、この問題を避けるためにも使用される。約款は、現代社会には不可欠なものである。

　しかし、当事者の一方が必ずしも把握していない約款がなぜ契約内容になるのかという点は、明らかではない。当事者が約款の内容を契約内容にすることに明示的に合意した場合には問題はないが、そうでない場合にはどうなるのか。民法は、約款のなかでも、定型取引（不特定多数を相手とする取引で、内容が画一的であることが当事者双方にとって合理的なもの）で用いられる「定型約款」については、定型約款を準備した当事者がその定型約款を契約内容とすることをあらかじめ相手方に表示したうえで契約をした場合にも、定型約款に含まれる個々の条項を契約内容に組み込むことの合意があったものとみなして、この点に法律上の根拠を与えている（民548条の2第1項）。契約締結後の一方的な定型約款の変更についても容易に認める規定になっており（民548条の4）、外国の立法例と比べても経済界のニーズに応えることに偏っているとの見方もある。

不当な約款の規制

　さて、約款が一方的に定められるものである以上、その内容や条項が企業に有利になりがちであることも想像できるだろう。Jの契約にあったように、業者の契約上の義務や、契約違反による損害賠償責任を免ずるという免責条項や責任制限条項は、その代表例である。このような約款の問題は、消費者にとって「契約の自由」が事実上奪われていることから生ずる問題であり、約款をどう規制するかということは、現代契約法における大問題である。

　わが国の約款規制は、許認可制や行政指導などの方法による行

政的規制が厚く行われているのが特徴である（たとえば，旅行業法12条の2，保険業法4条2項3号・123条1項）。また，裁判所が約款の解釈をする際に，不当な条項を公序良俗に反するとして無効としたり（民90条），曖昧な条項は企業に不利に解釈するという解釈（「作成者不利の原則」）をすることがある（司法的規制）。もっとも，わが国の裁判所はこれらに消極的であるといわれている。

　世界的には立法による約款規制が広まっている。わが国では，一定の取引について，当事者が排除できない強行規定（たとえば，割賦販売法5条・6条）を立法したり，契約時に契約内容をきちんと説明する義務を事業者に課す立法（たとえば，旅行業法12条の4）をするという方法がとられてきたが，包括的な約款規制法は存在しない。

　もっとも，定型約款については，2017年の民法改正で，相手方の権利を制限したり（例，責任制限条項），義務を加重する条項（例，違約金条項）であって，定型取引の態様・実情等に照らして信義則に反するかたちで相手方の利益を一方的に害するもの——内容が不当なものや不意打ち的なもの——は契約に組み入れられないとされた（民548条の2第2項）。また，消費者契約法も，約款に限らず契約一般について，信義則に反して消費者の利益を一方的に害する一定の不当条項を無効としたり（8条〜10条），それらの条項の使用に対する差止請求権を適格消費者団体に与えている（12条以下。また，特定商取引法58条の18以下，不当景品類及び不当表示防止法30条も参照）。限定された内容とはいえ，これは消費者の契約自由を実質的に回復させるための方策であって，約款規制の手段として用いられる。

Column ⑩　製造物責任

　医薬品の副作用や食品に毒物が混入していて健康被害が生じた場合（スモン事件，森永ヒ素ミルク事件など）や，テレビからの発火によって建物が燃えてしまったという場合（テレビ発火事件），被害者はその製造業者に対して損害賠償請求をできるだろうか。

　契約違反（債務不履行）に基づく損害賠償をするには契約関係の存在が前提となるが（本文参照），現代の流通では，製造業者と被害者（消費者）が直接の契約関係にあることは稀である。他方，不法行為に基づく損害賠償をするには，被害者が製造業者の過失を証明しなければならず，それらの製品の設計・製造等において過失があったことの証明には，専門知識や，部外者には知りえない製造業者の内部事情についての情報も必要であり，困難がともなう。しかし，消費者は大量生産される製品を購入するしか選択肢がないなかで被害を被っているのに対して，製造業者は製品の安全性を確保しやすい立場にあるばかりか利益をあげている。そこで，製造業者は欠陥製品から生じた損害について責任を負うべきであり，それを認めやすくする製造物責任（Product Liability; PL）という考え方が世界的に広がっている。わが国では，民法の特別法として製造物責任法が1994年に成立している。

　同法は，製造物の欠陥によって他人の生命・身体・財産に損害が生じた場合，製造業者等は被害者に損害賠償をする義務があるとする（3条）。大事なのは，製造業者の責任の根拠が「過失」ではなくて「欠陥」ある製品（通常有すべき安全性を欠いている製品）を市場に送り出したことに求められている点であり，これは無過失責任立法のひとつである（欠陥責任などといわれる）。もっとも，その製品を市場に出した時点の科学技術の水準では欠陥を認識できなかった場合にはメーカーは免責されるなど（開発危険の抗弁，4条1号），過失責任の要素が完全になくなったわけではない。

　消費者にかぎらず，私的自治の原則を貫くと不利益を被る経済的・社会的弱者を保護するための法律は多い。借地人，借家人を保護するための借地借家法，労働者を保護するための種々の労働法等，これらの分野は「社会法」といわれ，民法の特別法として位置づけられる。

5　契約は当事者だけを拘束する

当事者だけが
拘束される

　Jが旅行会社と結んだ主催旅行契約によると，旅行会社には旅行サービスを手配する義務が生じ，Jは旅行会社に対して，旅行の手配を求める権利を有することになる。そのことをJが旅行会社に「債権」を有すると表現する。債権とは，「特定人が特定人に対して一定の作為または不作為を請求することのできる権利」のことで，それに対応する相手方の義務のことを「債務」という。大事なのは，この債権は，特定人（債権者）が，特定人（債務者）に対してのみ行使できるということで，契約の当事者以外の者は，契約に基づく主張をできないということである。だから，たとえば借金をした人が返済しないために，債権者が家族のところに取立てにくることがあるが，その家族が保証人になっ

＊保証人・連帯保証人　　たとえば，借金をするときには，保証人をつけることを求められることが多い。保証人は，借主（主債務者）が返済しない場合に，借主に代わって貸主（債権者）に返済をしなければならない（民446条・452条・453条）。保証人がつくことによって，債権者は借金を踏み倒される可能性が小さくなるのである。なお，連帯保証人は，主債務者が返済しない場合にはじめて返済する義務の生じるただの保証人と違い，主債務者と同列で債権者から返済を迫られる。連帯保証人の方が厳しい義務を負っているわけである。

ている場合は別として，契約当事者ではないのだから，債務を返済しなければならない法的根拠はまったくない（ただし，日常家事債務について例外がある。民761条）。

代理人で世界が広がる　なお，Jの母親がJの「代理人」として行動しているのは，自分自身は契約当事者ではないからである。代理人を使うことによって，当事者は自分1人ではできないこともできるようになる。もちろん，誰でも勝手に代理人になれるのではなく，「代理権」を与えられる必要がある。Jの母親は，Jが後見開始審判をうけたときに後見人に選任され，代理権を付与されたことになる。このような方法のほかにも，本人と代理人の間の委任契約で代理権が付与される場合（任意代理）や，未成年者の親権者のように法律上当然に代理権が付与される場合などがある（法定代理）。そして，代理人（Jの母親）が，自分は代理人であると名乗ってした行為（名乗ってする代理のことを顕名代理という）の効果は，本人（J）に帰属する（民99条）。

保証人・連帯保証人は大きなリスクをかかえるが，そのことを認識していないことも多い。そこで民法は，保証人・連帯保証人になろうとする者に慎重さを求めるための方策を定めている。たとえば，すべての保証契約は合意だけでは成立せず，書面によらなければならない（民446条2項。諾成契約の原則の例外で，保証契約は要式契約である（⇒119頁））。さらに，事業上の貸金債務などを個人が保証する場合には，公正証書で保証意思の宣明がされていなければその保証は効力を生じない（民465条の6。ただし，経営者が自分の会社の債務を保証する場合や，個人事業主の債務をその事業に現に従事している配偶者が保証する場合など例外がある〔民465条の9〕）。

所有権は誰に対し
ても主張できる

さて,「契約は当事者だけを拘束する」
というところに話を戻そう。たとえば,
売主Ａが,Ｂとの間に土地の売買契約
を締結したとしよう。ＢはＡに対して,土地を引き渡せという
債権を有することになるが,ＡがＣにも同じ土地を二重に売っ
てしまったとしよう(「二重譲渡」という)。この場合,ＢとＣは,
それぞれお互いの契約からみて第三者であって,お互いの契約に
拘束されないから,それぞれ相手に「やめろ」ということはでき
ない。しかし,土地は１つしかないのだから,最終的にはどちら
かがこれを取得することになる(「一物一権主義」という)。それ
を決めるのは契約ではなく,どちらが先に「所有権」の「登記」
をしたか(これを「対抗要件を備える」という)による(民177条)。
Ｃが先に登記を備えれば,契約をしたのは後でも,Ｂに対して自
分が所有権者であると主張できる(ただし,Ｃが背信的な悪意者と
評価される場合は例外扱いされる)。

この所有権は「物権」といわれる権利の典型例だが,このよう
に,契約関係にない者に対しても主張できるという性質をもつ。
この点が「債権」とは大きく異なり,債権が「対人権」と呼ばれ
ることがあるのに対して,物権は「対世権」と呼ばれることがあ
る。たとえば,無断で土地を利用している人がいれば,所有権者
はそれをやめさせることができるし,勝手に持ち去られた所有物
は返還を請求できる(これら物権に基づく請求権を「物権的請求権」
という)。このように強力な権利であるため,物権が自由に作り
出されるようでは困る。そこで,民法は,物権は法律で定めるも
のに限るとする(物権法定主義,175条)。

さて，先の例で，二重譲渡したAは，BとCの両方に売って，代金を二重にとることができるのであろうか。もちろん，そのようなことはない。最終的に所有権を得ることのできなかった買主に対してAは契約違反なのだから，代金を取ることができないばかりか，損害賠償まで支払わなければならない（民415条）。それに加えて刑事責任まで追及される可能性がある（横領罪，刑252条）。

| 所有権は1粒で 2度おいしい？ |

6 債務不履行を救済する

《Jの母親は，Hのほかに，迎えの車をよこさなかった旅行会社と，医療ミスを犯したかもしれない病院も訴えることができないかと考え，弁護士に相談することにした。》

| 契約を解釈しな ければならない |

旅行会社や病院に対する損害賠償請求は，不法行為ではなくて，債務不履行に基づくことになる。つまり，契約違反の責任を追及することになる。そのためには，まず，旅行会社と病院がそれぞれどのような債務を契約で負っていたのかを明らかにしなければならない。

旅行会社の方から考えてみよう。ここでは，迎えの車がくることになっていたのかどうかがポイントである。契約は自由なのだから，当事者がどのような契約内容に合意していたのかを明らかにする必要がある。この作業を「契約の解釈」という。

契約解釈の第1段階は，当事者の共通の意思を探ることから始まる（「主観的解釈」）。では，旅行会社が送迎の自動車を用意することは契約内容になっているであろうか。契約締結のさいに，旅行会社の担当者が「移動は問題ありません」と述べていたのを，Jは「迎えの車をよこす」という意味に理解したが，旅行会社は「徒歩でも大丈夫」の意味で使っていたとすれば，実は完全な真意の合致は存在しない。しかし，ここで合意がないから契約は成立していないとするのは，契約が成立していると思っている者の期待を裏切ることになる（取引安全を害する）。

　そこで契約解釈は第2段階に進む。コミュニケーションは相手方のあるものだから，本人がその表示をどういう意味で使ったかではなく，その表示を相手がどう理解するかが大事である。「移動は問題ない」が，「迎えの車をよこす」という意味に理解されるべきだとすれば，Jが思っていた通りの契約内容になる。Jがどう理解すべきだったかは，慣習とか条理（ものごとの道理）を基準にして判断される。これを「規範的解釈」とか「客観的解釈」という。すでに説明した「錯誤」（民95条）は（⇒115-116頁），この規範的解釈を経て確定された契約内容に対応する意思が，一方の当事者にない場合のための制度である。仮に，「徒歩で大丈夫」という内容に解釈すべきだとすれば，Jは錯誤に陥っていたことになる。もっとも，その錯誤は重要とはいえないだろうから，結果的にはJは契約の取消しをすることはできない。

　そして，「迎えの車をよこす」のか「徒歩で大丈夫」なのか，確定できない場合には，その点について合意がなかったことになり，そこではじめて任意規定の登場となる。しかし，そのような点に関する任意規定は存在しないから，結果的に迎えの車をよこ

すよう手配する義務は，旅行会社にはなかったことになりそうで
ある。

人を危険な目にあ
わせてはならない

しかし，契約に基づく権利義務には，う
えで述べたように当事者の合意の意味内
容をさぐる「意味の発見」といわれる作
業によって明らかになるものだけではなく，法的な観点から課さ
れるものもある（「意味の持ち込み」という）。Jと旅行会社の契約
でも，旅行会社には安全配慮義務があったと判断される可能性が
ある。安全配慮義務というのは，当事者が契約で明示的に定めて
いなくても，当事者が契約関係などの「特別な社会的接触関係」
にあることから，信義則（民1条2項）に基づいて認められる，
相手の生命および健康等を危険から保護するという義務である。
もし，Jが事故にあった夜道が，徒歩では危険な道だったのであ
れば，迎えを手配していなかった旅行会社は，この安全配慮義務
に違反していたことになりそうである。その場合には，Jは旅行
会社に対して債務不履行に基づく損害賠償を請求できる。

《しかし，Jの母親は病院に関しては訴えるべきなのかどうか迷
っていた。そもそも病院で何が起こったのか，よく把握できずに
いたのである。事故の直後に簡単な説明はうけたが，植物状態に
なったJの治療をしてくれている病院の対応は誠実で，根ほり
葉ほりきくのははばかられたからである。カルテをみせてくださ
いともなかなか言い出せなかった。》

病院は患者との間で，一般的に医療水準
にのっとって治癒にむけて注意深く最善
を尽くして診療する債務を負うと考えら

**病院は最善を尽くさ
なければならない**

れている。Jは無意識で運び込まれているので，実をいうと病院
とJの間に契約があるとはいいにくい。むしろ，病院は「事務管
理*」（民 697 条以下）という制度によって義務を負っているという
ことになろうが，契約であれ事務管理であれ，ここでは病院が負
う義務の内容は変わらないので，この債務がどうやって発生した
かはとりあえず措くとしよう。

　医療契約では，病院は「Jの健康回復」という結果の実現を引
き受けたわけではなく，あくまでも最善の努力をすることを引き
受けたにすぎず，病院に結果の実現を求めることはできない。し
たがって，Jが病院に対して債務不履行に基づく損害賠償請求を
することができるのは，病院が最善を尽くしていなかった場合で
ある。

**何が起きたのか
知りたい！**

ところが，診療録（カルテ）を病院側が
開示してくれないと，患者側はどのよう
な治療が行われていたのかさえつかめな

いのが実情である。腹をくくれば，訴えの予告通知をしたうえで
相手方に照会したり（民訴 132 条の 2），訴訟をおこして証拠保全
制度（民訴 234 条）や文書提出命令（民訴 220 条・223 条）を用い

＊事務管理　民法は，契約や不法行為から発生する債権のほかに，2 つの債権
　発生原因を規定しており，事務管理はその 1 つである（もう 1 つは不当利得
　〔民 703 条以下〕）。事務管理とは，義務がないのに他人のためにする，いわば
　お節介のことで，お節介をはじめた者（事務管理者）は，その他人の利益にな
　るように仕事の処理をしなければならないなどの義務を負う反面，その本人に
　対して費用償還を請求できる。

たりすることによって，カルテをみることができる。しかし，そもそもカルテに書かれているのは患者に関する情報なのだから，そのような手段をとらなくても患者自身が求めれば閲覧を認めるべきだとの考えも有力になってきており，カルテ開示の法制化も検討されていた。それでも，患者に見せることを予定して書いていないカルテを開示することが医師患者間の信頼関係をそこなうのではないかという医療側のとまどいもあり，立法にはいたっていない。もっとも，国公立の病院や大規模な私立病院に対しては，2003年に成立した個人情報保護法等に基づく個人データの開示請求（個人情報保護法28条，独立行政法人個人情報保護法12条等）により，カルテ開示請求が認められるようになっている。

> **債務不履行の方が**
> **気長？——消滅時効**

ところで，もし病院側を医療過誤で訴える場合，Ｊは第3章でみた不法行為に基づく損害賠償請求で病院を訴えることはできないのであろうか。それもできる。契約（または事務管理）に基づく請求権と不法行為に基づく請求権の，2本の請求権が併存しているのであって，どちらを選ぶか（あるいは両方を選ぶか）は権利者の自由なのである（請求権の競合）。

　では，どちらを選ぶかでどのような違いが出てくるのであろうか。ひとつの違いは，いつまでに訴えを提起しなければならないかという「消滅時効」の期間である。消滅時効というのは，一定期間権利を行使しないでいると，その権利を行使しても，相手方が「時効だ」と主張すると（「時効の援用」という），それ以上の法的手段はとれなくなるという制度である（相手が自発的に応じてくれれば別である）。消滅時効は①長期間つづいた事実関係を尊

重して，社会の安定をまもるための制度であるとか，②「権利の上に眠る者」は保護に値しないから時効という制度があるとか，③時間がたつと証拠も散逸して，本当は義務を果たしたのにそれを証明できない者を保護するための制度（江戸時代の証文を持ち出されても困るであろう）であるなどといわれる。

　この消滅時効の期間は，債務不履行に基づく権利行使の場合には，権利を行使できることを債権者が「知った時」から5年，または，それを「行使できる時」から10年のどちらかが経過すれば時効が完成するのが原則である（民166条1項）。ただし，人の生命や身体の侵害による損害賠償請求については上記の10年の期間が20年に延長されている（民167条）。これに対して，不法行為に基づく請求の場合には，損害の発生と誰が加害者であるかを「知った時」から3年，または，「不法行為の時」から20年とされている（民724条）。旅行会社の責任を，安全配慮義務違反（これは債務不履行である）でなく，不法行為を根拠に追及することもできるが，もともと安全配慮義務という考え方が登場したのは，不法行為の消滅時効（とくに3年の期間）が完成したあとで訴訟になる場合に対応できるようにするためという背景もあった（2017年の民法改正前は，債務不履行の時効期間は権利を「行使できる時から10年」の1本だったから，不法行為の3年の時効期間との違いが大きかった。この違いが，改正によって大幅に縮まったことはたしかである）。

　なお，刑事責任に関しても「公訴時効」（刑訴250条以下）というものがあり（刑事では他に「刑の時効」〔刑31条以下〕もある。これらについては⇒48頁*），Hのように危険運転致傷罪や，準危険運転致傷罪，過失運転致傷アルコール等影響発覚免脱罪が問わ

れる可能性がある場合には犯罪行為が終わった時から10年以内（危険運転致傷罪）または7年以内（準危険運転致傷罪・過失運転致傷アルコール等影響発覚免脱罪）に公訴が提起されなければ，Hは刑事裁判を免れることになる。仮にHが逃亡しているなどして公訴時効が完成しても，民事責任の消滅時効が未完成であれば，Hの民事責任を追及することはできる。

<hr>

**債務不履行の方が
証明が楽？**

もうひとつ，債務不履行と不法行為の違いとして，一般的には，債務不履行に基づく損害賠償請求の方が，不法行為に基づく場合よりも，証明が簡単だということがある。不法行為に基づく場合には，債権者（J）の側で病院や医師の「過失」を証明しなければならないのに対して（民709条），債務不履行の場合には，債務者（病院・医師）の側で自らに帰責事由がなかったことを証明しなければならないと解されているからである（民415条1項）。とくに医療過誤のような場合だと，過失の証明には専門知識も要求されるから，（仮にカルテ等を開示してもらっても）素人であるJがそれを証明することはきわめて難しい。

　もっとも，実際には，診療契約の場合には，債務不履行に基づく損害賠償請求の場合でも，Jの負担はそれほど変わらない。なぜならば，「診療債務の不履行」があったことの証明が，「過失」の証明とほとんど変わらないからである。診療債務の内容は，医師が最善の注意をして治療することだから，それの不履行を証明するためには，医師がすべき注意をしなかったことを証明しなければならないが，これはまさしく過失の証明と同じことである。このように，医療過誤の事案では，債務不履行に基づく請求の方

が債権者に有利だとは必ずしもいえない（これに対して，旅行を手配する債務のように「結果」の実現が目的となっている債務であれば，その結果が実現できていないことを証明すれば，債務不履行の存在自体は容易に証明でき，あとは債務者の側で帰責事由がなかったことを証明することになるから，債務不履行に基づく損害賠償責任を追及する方が，不法行為に基づくよりも，債権者にとって有利である）。

《どうやら，Hに対する不法行為責任の追及よりも，旅行会社と病院に対する債務不履行責任の追及の方が大変そうである。しかし，Jの母親は決心していた。「Jのためにもできるところまで裁判を戦ってみせる。」》

　法と道徳は，どのような関係にあるのでしょうか。この問題は，しばしば「悪法も法か」という形で問題とされます。つまり道徳に反するような法も法といえるのかというのです。

　これについて，2つの考え方が対立してきました。1つは，道徳に反していても法律としてきちんと制定されている以上，法は法だという考え方です。法実証主義と呼ばれています。これに対しもう1つは，「自然法」と呼ぶことができるような高次の道徳に反するような法律は，たとえきちんと制定されていたとしても法とはいえないという考え方です。自然法論と呼ばれています。このどちらが適切な考え方なのかは大変難しく，いまも多くの法律家が悩んでいるところです。

　第二次世界大戦のおりドイツのナチスは，議会を通して全権を掌握し，ユダヤ人を劣った民族だとして大量に虐殺しました。そこで戦後は，自然法思想が台頭し，たとえきちんと法律として制定されても道徳に反するような法律は法とはいえないとする見解が有力になりました。でもその後，世界が落着きを取り戻すと，道徳を理由に法律に抵抗することを認めることが実定法秩序を崩壊させる危険性があるとして，自然法に懐疑的な見解も主張されています。現在の日本では，憲法が基本的人権を保障し，自然法と呼ばれた道徳の中身を憲法自体が保障していますので，かつてのような悪法が正当に制定されるということはありえません（それらの法律は憲法に反し，正当に制定されたとはいえないでしょう。ナチスの法律も正当に政権をとり正当に制定されたとは思われません）。でも，それを超えたところで，なお憲法をも超えた自然法を認めるべきかどうかが争われています。

第5章 Jと家族の物語

民法 家族法の基礎

植物状態になったJにも家族がいる。親子であるということ，夫婦であるということ，家族であるということはどういうことであろうか。そもそも，親子はどうやって親子になり，夫婦はどうやって夫婦になるのだろうか。本章では，民法のなかでも「家族法（親族法）」といわれる分野について考える。

1 親であるということ，家族であるということ

《自分の娘Jが植物状態になってしまったことが，母親にはなかなか受け入れることができなかった。どこに出しても恥ずかしくない子に育てたのに……》

親がいなくて も子は育つ？

生まれた子どもが成長し，自立して生活できるようになるまでには長い年月を要する。そして，その間，未成熟な子は，健康で個性的な成長発達をするために，保護と養育を必要としている。

この，子を慈しみ育てるという役割は，第1次的には親が担うのが望ましいと考えられる。それが子に生を与えた親としての当

然の責務（親として本来の義務）であるということだけでなく，子どもの人格の調和のとれた発達のためには，子どもは家庭環境において愛情と理解ある雰囲気のなかで成長すべきだと考えられるからである。

このような思想は，現在では児童の権利に関する条約（子どもの権利条約）において表明され（前文6段），国際的な共通認識になっているといってよいだろう。この条約は1990年に発効し，日本も1994年に批准している。

義務なのに親権　民法も「親権」という制度を用意し，原則として父母を未成年の子の「親権者」という法的地位につけ，未成年者は父母の親権に服するとしている（民818条）。親権という名称は，親が子に対して権利を有しているかのように思わせるが，親権は「子の利益のために」行使しなければならないとされ，むしろ子および社会に対する親の義務としての性格の方が強い（民820条）。つまり，未成年の子が成人するまでの間，父母はその子を一人前の健全な大人に育てる義務を負っているのである。

そのために親権者がしなければならないことは，「身上監護」と「財産管理」に分けて説明されるのが通常であるが，子どもの成長という観点からはとくに身上監護が重要である（財産管理に関しては，親権者は法定代理人として未成年者を保護する。民824条）。「身上監護」の中心は，子どもを心身ともに健全な，一人前の社会人に育てる「監護教育」である（民820条）。具体的には，子どもの健康に配慮することはもちろん（病気になったら医者にかからせるなど），正しい生活態度をしつけたり，教育を受けさせ

ることなどがあげられる（普通教育を受けさせることは親の義務であるが〔憲26条2項〕，それ以外にいかなる教育を受けさせるかは親の裁量である）。民法は親権者による監護教育を支援するために，親権者に居所指定権・懲戒権・職業許可権などを与えている（民821条〜823条。ただし，懲戒権は児童虐待を正当化する口実に使われる例がめだつため，法制審議会で見直し作業がすすめられている。また，職業許可権については，15歳未満の者は原則として労働できないことも重要である。労働基準法56条)。

ふさわしくない親

親が親権者とされるのは，親こそが「子の福祉」に最良の配慮をなしうると考えられているからであり，そのために広範な権限が与えられている。しかし，子どもに暴行を加えたり，悪意で遺棄するなどの児童虐待をするような親は，親としてふさわしくない。そこで，親権者による親権の行使が困難または不適当であることによって子の利益を害するときは，子，その親族，未成年後見人，検察官，児童相談所長等の請求によって，家庭裁判所が2年以内の範囲で親権を停止させる制度，さらに，子の利益が害される程度が著しければ親権を喪失させる制度が用意されている（民834条〜835条，児童福祉法33条の7)。その結果として親権者がいなくなれば未成年後見人が選任されるが（民838条1号)，子どもが児童福祉施設や里親にあずけられている場合には施設長や児童相談所長が親権を代行することもある（児童福祉法33条の2・47条)。

父母は共同して親権を行使する

通常の場合，親権者となるのは未成年の子の父母であるが（民818条1項），それは父母が婚姻中（夫婦）のはなしである。その場合，父母は共同して親権を行使するのが原則である（共同親権行使の原則，民818条3項）。そうすることが，子の福祉に最もかなうと考えられるからである。そこでは父も母もまったく平等の立場にあり，父親の意見が優先したり，母親の意見が優先するということはない（意見が一致しない場合には親権行使はできないと考えられている）。

両親が離婚した場合には？

ところで，Jのように両親が離婚していた場合にはどうなるのであろうか。未成年の子がいる夫婦が離婚する場合には，父母の協議または裁判所の判断により，いずれか一方を親権者に定めることになっている（民819条1項・2項）。夫婦の共同生活が崩壊した場合にまで親権の共同行使をしなければならないとするのは，かえって「子の福祉」を害するからである。裁判所が親権者を定める場合には，どちらの親を親権者にするのが「子の福祉」にかなうかを考えてなされるが，母親が親権者とされることの方が多い。Jの父親が離婚したのではなくて，行方不明，死亡，親権喪失などの場合には，母親が単独で親権者になる（民818条

＊共同親権，面会交流権　海外では両親が離婚しても，両親の愛情をうけながら育つのが子どもの健全な人格形成のために望ましいとの考えから「共同監護」（joint custody）がなされることが多い。わが国でもそのような観点から，離婚後も「共同親権」とする制度の実現が，立法課題のひとつとなっている。なお，離婚後の単独親権を定める現行法の下でも，離婚後に親権者にならなかった親が子どもに会って交流する「面会交流」が認められているのも，子の利益のためである（民766条）。

3項但書・834条）。

　ところで，親権者とならなかった親は，子どもに対する義務を
いっさい負わなくなるわけではないことに注意しなければならな
い。親であることに違いはないので，後述するように扶養義務は
負うのであり，たとえば監護費用（養育費）を分担するなどの義
務を負う。

嫡出でない子の親権者　　先で述べたことは，Jの父母が結婚して
いた場合のはなしだが，もしも，父母が
結婚していなかった場合（たとえば母親がいわゆる未婚の母であっ
た場合）にはどうなるだろうか。その場合には，Jは嫡出でない
子（婚外子）ということになり，母親が単独の親権者とされる。
これは，分娩の事実によって誰が母親であるかはわかるが，父親
が誰かはわからないからである。もっとも，父親が嫡出でない子
を認知（⇒158頁）すれば，法的にも父親となる（したがって，扶
養義務を負う）が，それだけで親権者になるわけではない。父親
を親権者とするには母親との協議により，または，家庭裁判所の
審判により，父親を単独親権者にする手続を経なければならない。
父母が結婚していない以上，共同親権にはならないから，一方を
親権者にしなければならないわけである。これに対して，父親と
母親がのちに婚姻し，かつ，父親がその子を認知すれば，その子
は夫婦の子（「準正」による嫡出子）とされ，父母が共同親権者に
なる。

《母親は嘆いた。Jが自らの力だけで生きていくことはもはやで
きないであろう。自分が元気なうちはよいが，自分にもしものこ

とがあったらこの子はどうなるのだろう……》

| 身の丈にあった扶養 |

　さて，植物状態になったJの場合は，誰が面倒をみるべきなのであろうか。民法は，一定範囲の親族および夫婦はお互いを扶養する義務を負うとする（民752条・877条）（⇒図5-1）。人は原則として自分の資力と労力で生活を維持していくように努力すべきであるが，憲法25条が保障する「健康で文化的な最低限度の生活」（生存権）をすべての者が自力で営んでいけるとは限らない。健康を害していたり，高齢であるために，自分の身の回りのことができなかったり，十分な収入を得ることができない場合があるからである。Jもそのような場合にあたる。

　わが国では，家族による扶養（私的扶養）がまずなされるべきであると考えられ，それを補う形で生活保護など種々の社会保障（公的扶養）が存在する。それでは，どこまでが私的扶養によってカバーされ，どこからを公的扶養に頼ることができるのであろうか。通常の親族扶養は，扶養をする者（扶養義務者）が自らの社会的地位や身分にふさわしい生活を犠牲にすることのない範囲で行えばよいと考えられている（生活扶助義務）。

　Jの場合には，母親はもちろん，父親も離婚したとはいえJの親であることに変わりはなく，それぞれJを扶養する義務を負う（Jの直系血族〔祖父母など〕，兄弟姉妹も同様の義務を負い，三親等内の親族であるおじ・おばも，家庭裁判所の審判で扶養義務を負わせられることがある）。ただ，ここでいう扶養義務は，あくまでも経済的なものであり，実際に日常の世話をする義務まで負うもので

図5-1 「本人」は誰に対して扶養義務を負うか

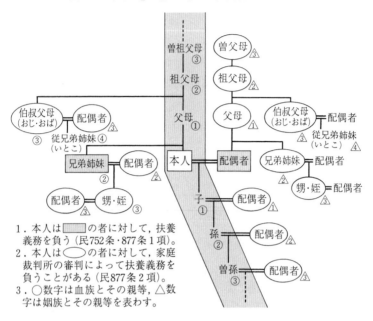

1．本人は□□□の者に対し，扶養義務を負う（民752条・877条1項）。
2．本人は○の者に対して，家庭裁判所の審判によって扶養義務を負うことがある（民877条2項）。
3．○数字は血族とその親等，△数字は姻族とその親等を表わす。

はない。さらに，扶養義務者は，自分たちの文化的最低限度の生活を犠牲にしなければならない場合には（経済的な）扶養を拒絶さえできるのである。このようにいうことは，一見冷血なようではあるが，私的扶養をいたずらに強調することは，公的扶養の不十分さを隠蔽することになることにも注意しなければならない。

現実には，実際の世話（介護労働）を家族が行っている例が多く，その過重負担から不幸な結果をもたらすことも少なくない（被介護者に対する虐待も多いという）。とくに高齢社会の到来は，年老いて生活能力が衰えた老親の扶養をどうするかという問題をクローズアップさせている。老親扶養は，老親と同居して扶養する「引取扶養」という形で行われることが多いが，長寿化によっ

て老親の世話をしなければならない期間は長期化するばかりか，扶養を担うべき子どもの数は少子化によって減少しており，いきおい引取扶養をする者の経済的・肉体的・精神的負担が大きくなっている。社会保障の充実による負担軽減が望まれる（⇒*Column* ⑪老親扶養と介護保険）。

Column ⑪　老親扶養と介護保険 〰〰〰〰〰〰〰〰〰〰〰〰〰〰〰〰

　高齢者介護をめぐる家族の過重負担の軽減という点から注目されるのは，2000年4月から施行された「介護保険法」にもとづく介護保険制度である。

　この制度は，40歳以上の人が被保険者となる社会保険（健康保険と同じく強制加入）で，被保険者が，寝たきりなどの介護を必要とする状態（要介護状態）や要介護状態になるおそれのある状態（要支援状態）になったと認定された場合には，在宅介護サービス（ホームヘルパーが家に来て入浴，排泄，食事等の介護などの日常生活上の世話をする「訪問介護」など）や，施設介護サービス（たとえば介護老人福祉施設での，入浴，排泄，食事等の介護，そのほかの日常生活上の世話，リハビリ，健康管理，療養上の世話など）の給付を受けることができるという制度である。特徴的なのは，介護サービスが，要介護者・要支援者の選択や残存能力に応じて，自立した日常生活を営むことができるように作成される「介護サービス計画（ケア・プラン）」にもとづいて供給されるということであり，介護を受ける者の「自立支援」をめざした制度であるといえる。

　また，介護サービスの給付は，事業者等との「契約」によることになるため（従来は，老人福祉法にもとづく「行政措置」としてサービスが「与えられて」いたので，利用者がサービスの種類や提供機関を選択できなかった），この契約を支援するためにも民法の成年後見制度の改正（⇒*Column* ⑨高齢社会と成年後見

制度）が介護保険法と同時施行された。なお，高齢者の日常生活支援という点では，高齢者の日常の預貯金の出し入れや，生活用品の購入などを手助けする地域福祉権利擁護事業が市町村の社会福祉協議会などによって行われていることも注目に値する。

〜〜〜〜〜〜〜〜〜〜〜〜〜〜〜〜〜〜〜〜〜〜〜〜〜〜〜〜

> パンを分け合う扶養もある

もっとも，自立していない未成年（未成熟子）を親が扶養するにあたって親が自分の生活を優先して子の生活をないがしろにするとか，夫婦の一方が自分個人の生活を優先させて他方をないがしろにするということは許されない。これらの場合には，「最後に残された一片のパンまで分け与えるべき」であるとされ，身の丈にあった扶養をすればよい「生活扶助義務」と区別して「生活保持義務」といわれる。仮にJが未成熟子だったのであれば，誰が親権者であるかにかかわりなく（前述したように，両親が離婚した場合には親権者は父母のどちらかに決めなければならない），父母はJと「一片のパンも分け合う」生活保持義務を負うことになる。

2 親って誰？

●血縁だけでない，法的な親子関係

《Jのことを知らせないといけない……。疎遠になってしまったけど，Jのことをまだ愛しているだろうか，この子の父親は。》

共同親権の場合も，単独親権の場合も，親権者になるのは親である。ところで，この「親」とは誰かということが実は大問題なのである。ある子の母親が誰であるかが問題になることは少ない。それは分娩（出産）の事実によって血のつながった母親は誰であるかが明らかだからである。問題は，父親とは誰かということである。生物学的な親子関係を100％の確実さで科学的に確定することは必ずしも容易ではないし（DNA鑑定も完全ではない），そもそも，血のつながりがあるかどうかだけを基準にして父子関係を確定してよいのかは疑問だからである。親とは，子どもに対して愛情をもって接する，親らしい親でなければならない。

そこで，民法には父を早期に確定するために「嫡出推定」（父性推定）（民772条）の制度が設けられている。この制度は，母親が，婚姻中に懐胎（妊娠）した場合には，その子の父親は母親の夫であること，すなわち夫婦の子（嫡出子）であることを「推定」するものである。これは，妻の産んだ子は，通常は夫の子であるという経験則に基礎をおく制度である。

もっとも，懐胎の時期が婚姻中であるかどうかを明らかにすることも必ずしも容易ではないから，そのための推定もおいている（推定が二重になっている）。すなわち，子が，婚姻成立から200日以降，婚姻解消（離婚や父の死亡）から300日以内に生まれた場合には，婚姻中に懐胎したものと推定され（⇒図5-2），夫以外の者を父とする出生届をすることはできない（これに対して，婚姻成立から200日経過する前に生まれた子は，他の嫡出推定と抵触しなければ，嫡出推定は受けないものの嫡出子として出生届を出すことはできる〔推定されない嫡出子〕）。この期間は，懐胎期間の最短平

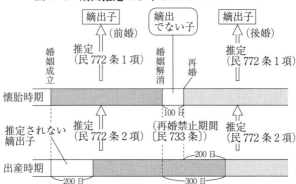

図 5-2　嫡出推定のしくみ（前婚と後婚について）

均が 200 日，最長平均が 300 日であることを根拠としている。[*]

　ところで，妻が出産し，嫡出推定で父親とされた夫が，その子を自分の子ではないと考えた場合でも，その夫は父親としての義務を負うことになるのであろうか。そのような父親のために，「嫡出否認の訴え」（民 775 条）という制度が用意され，父親のみが，子の出生から 1 年以内という短い期間制限のなかでのみ提訴することができる。このように嫡出否認が限定的にしか認められ

---

[*] いわゆる「300 日問題」と無戸籍児　婚姻解消後 300 日以内に生まれた子は，嫡出推定を受けるから，前夫を父とする出生届しか受理されない実務がなされてきた。そのため，前夫を子の父とすることを避けたい母親があえて出生届を出さない「無戸籍児」の存在が問題化している（無戸籍児は，行政サービスや義務教育を受けられないなど深刻な不利益を受ける）。この問題を根本的に解消するためには嫡出推定制度の見直しが必要であるが（2019 年から法制審議会で審議されている），それに先だって，その子に生物学的な父親が別にいる場合について 2 つの対策がなされた。第 1 に，懐胎時期が前婚解消後であることを医師が証明すれば，前夫を父としない出生届が認められるようになった。第 2 に，前夫が父であることはありえない「推定の及ばない子」（⇒157頁）であれば，前夫を父とする出生届を出したうえで生物学的な父を相手どった「認知調停」という裁判手続のなかで，前夫との父子関係を否定する手続が認められるように工夫された（従来から嫡出否認の訴えや親子関係不存在確認訴訟によって前夫との父子関係を否定することはできたが〔⇒156-157頁〕，これらの手続では前夫の関与が必要であった。認知調停ではそれが不要である）。

ないのは，血縁よりも，子の父親を早期に確定することを重視し
ているためといえる。

嫡出推定の抜け穴

もちろん，嫡出推定によって，生物学的
には血のつながらない父と子が親子とな
る場合が生じてくる。それをできるだけ避けたいと考えれば（つ
まり，子に親を与えることよりも血縁が重要だと考えれば），この嫡
出推定の制度は限定的に適用するべきだということになる。実は
現在はそのような実務がなされている。すなわち，婚姻中の懐胎
であっても，客観的にみて妻が夫により懐胎することが不可能な
時期に懐胎した場合には（夫が行方不明であるとか，服役中などの
場合），嫡出推定は及ばず，要件の厳しい嫡出否認の訴えによら
ずに，いつでも誰でも（つまり，嫡出否認の訴えのように1年間と
いう制限もなく，また，父親以外の者でも）通常の訴訟（親子関係不
存在確認訴訟）によって，また，子から生物学的な父に対する認
知請求の調停のなかで，法律上の父との父子関係を否定すること
ができるとされることがある（推定の及ばない子）。

　ただ，このように父子関係の否定を広く認めることは，子の利
益のために親が誰であるかを早期に確定しようという嫡出推定・
嫡出否認の訴えの制度の空洞化をもたらすものでもある。生物学
的なつながり（血縁）を重視するか，子に親を与えることが大事
だと考えるかで考えが分かれる問題である（この意味で，性同一
性障害者の性別の取扱いの特例に関する法律（性同一性障害特例法）
に基づいて男性への性別変更審判を受けた者が女性と婚姻し，妻が人
工授精によって懐胎した場合でも，嫡出推定が及ぶとした最決2013
〔平成25〕・12・10民集67巻9号1847頁は，注目に値する）。

この子の父親は？
②嫡出でない子の認知

夫婦の子（嫡出子）は，以上のように，生まれた時から少なくともとりあえずの父親をもつ（のちに嫡出否認されたり，親子関係不存在の確認判決がなされることはあるが）。これに対して，嫡出でない子（婚外子）は，生まれた時には（生物学的な父親はどこかにいるが）法的な意味での父親をもたない。そのような子の父親を確定するための制度が「認知」である（民779条）。認知は嫡出でない子（胎児を含む）についてのみすることができ，父親が自ら認知する任意認知と，子が認知を求めて裁判でなされる裁判認知（強制認知）とがある（民787条。父親が死亡しても，死後3年以内であれば死後認知を求めることができる）。

なお，認知がなされても，実際に生物学的な親子関係がなければ，利害関係人は認知無効の訴えをおこすことができる（民786条）。血縁関係がないことを知りながら認知した認知者本人でさえ，認知無効の訴えが認められるとするのが判例である（最判2014〔平成26〕・1・14民集68巻1号1頁）。しかし，すでに親子としての生活関係が築かれているような場合に，血縁がなかったというだけで認知無効を認めてよいかどうかは一考を要する。親子関係というのは生物学的真実だけでは割り切れない，より複雑で具体的な人間関係だとも考えられるからである。

嫡出子と嫡出でない子
の間の深い溝

父に認知された嫡出でない子は，のちに父と母が婚姻すれば嫡出子としての身分を取得する。これを「準正」による嫡出子というが（民789条），嫡出でない子が嫡出子の身分を取得すると何がどうかわるのであろうか。換言すれば，嫡出子と嫡出で

ない子とでは何がどのように異なるのであろうか。

　嫡出子とは夫婦の子であり，嫡出でない子とはその父母が夫婦でない場合の子（婚外子）をさす。これらは法的に異なった扱いを受けることがあり，そのなかでいちばん問題とされてきたのは，嫡出でない子の法定相続分を，嫡出子の2分の1としていた民法900条4号ただし書前段の規定であった（現在は削除されている）。

　この規定は，自分には何の責任もない嫡出でない子に不利益をおよぼすものであって憲法14条1項が定める「法の下の平等」に反するとして長い間批判を受け，また，1996年の婚姻法改正要綱*も，嫡出子と嫡出でない子の相続分を同等にすることを求めていた。しかし，婚姻法改正要綱に基づく法改正はされず，最高裁も，民法が法律婚主義をとっている以上，法律婚を尊重して嫡出子を優遇する一方で，嫡出でない子にも相続分を2分の1だけは認めて保護するこの規定は合憲であるとの判断をくりかえし示す状況がつづいていた（最大決1995〔平成7〕・7・5民集49巻7号1789頁等）。そうしたところ，2013年に，最高裁は，家族の形態

＊婚姻法改正要綱と女性差別撤廃条約　　法制審議会は，1996年に婚姻法改正要綱として知られる「民法の一部を改正する法律案要綱」を採択している。その内容は，①女性の婚姻年齢の16歳からの引上げ・再婚禁止期間の短縮，②夫婦別姓制度の採用（⇒*Column*⑫），③離婚親子の面会交流権・監護費用分担の明示，④離婚後の財産分与における夫婦の平等化（⇒174-175頁），⑤離婚原因としての「5年間の別居」（⇒173-174頁），⑥嫡出でない子の相続分差別の撤廃など，多様なライフスタイルに対応するものとなっていた。

　上記①のうち再婚禁止期間の短縮は2016年に実現し（⇒164-165頁，243頁），女性の婚姻年齢の18歳への引上げも2022年4月1日から施行される（⇒164頁）。③は2011年に（⇒149頁＊），⑥は2013年に（⇒158-160頁，243頁）実現した。しかし，②④⑤については法改正にいたっておらず，②に関しては最高裁も夫婦同氏制度を合憲としている（⇒168頁）。なお，女子に対するあらゆる形態の差別の撤廃に関する条約（女性差別撤廃条約）に基づく国連の女性差別撤廃委員会は，日本政府に対して再婚禁止期間の撤廃（⇒165頁），選択的夫婦別姓制度の導入（⇒*Column*⑫）を勧告している。

が多様化して国民意識も変わってきていること，諸外国でもこのような相続分差別はなくなってきていること，市民的及び政治的権利に関する国際規約（⇒221頁）や児童の権利に関する条約（⇒147頁・221頁）との関係でこの規定が国際社会から問題視されていることなどから，嫡出でない子の相続分差別が許されないという考え方が確立されてきているとして，この規定を違憲とするにいたった（最大決2013〔平成25〕・9・4民集67巻6号1320頁）。2013年に民法900条4号ただし書前段を削除する改正が行われたのも，この最高裁決定をうけてのことである。

　ただ，相続分差別規定が撤廃されても，他にも立法課題は残っている。たとえば，出生届には嫡出子であるか否かを記載しなければならないとする戸籍法の改正も課題となっている（なお，かつては戸籍や住民票の父母との続柄欄で嫡出子であるか否かがわかるような記載になっていたが，これはすでに改められている）。しかし，何よりも，嫡出でない子に対する社会的な差別がなくなるかどうかは別問題であり，問題の根は深い。

───────────
**親のない子に親を
──養子**
───────────

　さて，これまで述べてきたことからは，すべての子には法的な母親がおり，嫡出推定や嫡出でない子の認知によっては法的な父親も確定されることがわかる（これらの子を「実子」という）。しかし，それでも父母が死亡したり，父親がわからなかったり，捨て子であったりして，親のいない子はいる。また，経済的事情などから，子どもを育てられない親もいる。そのような子どもたちも，やはり家庭的な環境で育つことが望ましいことはいうまでもない。そのための機能を期待されているのが，養子制度

（民 792 条以下）である（普通養子）。これは，養子縁組の届出をすることによって，実親子関係にない者の間に親子関係を擬制し，養子に養親の嫡出子としての地位を与える制度である（民 809 条）。

　しかし，わが国では，成人した者を養子とする成年養子が伝統的に多く，「子のための養子」というよりも，親のため（たとえば，養親の老後の扶養のため）とか，「家」のため（たとえば，家名を継ぐため）に養子縁組がなされることが多かった。

　そこで，家庭に恵まれない子（保護者のいない子や虐待を受けて家庭復帰の困難な子）に温かい家庭を提供することを目的として 1987 年に新設されたのが特別養子制度（民 817 条の 2 以下）である（以下の記述は，2019 年改正に基づく）。普通養子制度だと実親子関係も併存し，養子は実親と養親の間にはさまれ不安定な立場におかれ，養子であることが戸籍から明らかになるなど，「子のための養子」として利用しづらい点があったが，特別養子制度では実親子関係が切断され，戸籍上も養子であることがわかりにくく工夫されている。さらに，特別養子縁組のできる者には制約がある他（養子は原則として 15 歳未満，養親は原則として 25 歳以上の夫婦），離縁も制限される。また，縁組・離縁には家庭裁判所の審判が必要とされ，縁組に児童相談所長の関与がはかられるなど，普通養子制度よりも子の利益への配慮が厚くなっている。

生殖補助医療

　最近では，自然生殖ではなく，不妊治療などの一環として生殖補助医療（人工生殖ともいう）が行われている（精子を子宮に直接送り込む「人工授精」と体外で精子と卵子を受精させる「体外受精」〔いわゆる「試験

管ベビー」）がある）。このような生殖補助医療で生まれてきた子の場合，親は誰か，ということが実は大問題となりうる。

　夫婦が，夫の精子と妻の卵子を使って人工授精や体外受精を行い，妻が出産したという場合には，比較的問題は少なそうであるが，決して一筋縄ではいかない問題である。たとえば，夫の死後に，夫が生前に冷凍保存した精子を用いた場合や，離婚後に，冷凍保存してあった受精卵を妻が無断で用いた場合など，それによって懐胎した子と夫に親子関係はあるのかなど，考えなければならない問題は多い（夫の死後の体外受精につき，最判2006〔平成18〕・9・4（60巻7号2563頁）は，死後懐胎を民法は想定しておらず，立法によって解決すべき問題であるとして，父子関係の発生を認めなかった）。

　第三者（ドナー）の精子と妻の卵子を使ったとすれば，さらに問題は複雑になる（夫は嫡出否認できるか？）。また，代理母（代理懐胎）による出産の場合はどうか。わが国では日本産科婦人科学会の自主規制で代理懐胎が禁止されているが，海外で実施された代理懐胎による親子関係が問題となることがある。誰の精子を使ったのか（夫かドナーか），誰の卵子を使ったのか（妻かドナーか），誰が出産したのか（妻か代理母か）によって，多様なパターンがありえ，夫婦，ドナー，代理母のそれぞれが，生まれた子と法的にどういう関係にたつかは，決して明らかではない。最決2007〔平成19〕・3・23（民集61巻2号619頁）は，夫婦の精子と卵子を用いた代理出産（海外で行われたもの）についてさえ，依頼者との母子関係の成立を認めない一方で，立法による対応の必要を説いている。

　しかも，生殖補助医療は夫婦だけが行うとは限らない。わが国

では日本産科婦人科学会による自主規制があるものの，独身女性が精子バンクから精子の提供を受けて子どもを出産するとか，同性愛者のカップルが，精子や卵子の提供を受けたり，代理母に出産してもらったりすることもありうる。

　そもそもこのような人工生殖が許されるか，生まれた子は自分が誰の精子で生まれたかを知る権利があるか，倫理的な問題もはらむ現代的課題である。

3 結婚ということ

《Jの変わり果てた姿をみつめながら母親は，かつて愛した男のかすかな面影を，Jの静かな寝顔にみいだしていた。毎日顔をあわせていると気づかなかったが，父親に少しずつ似てきたのだ。両親の反対を押し切って結婚したかつての夫に……》

「家」が結婚するの
ではない

「婚姻は，両性の合意のみに基いて成立」する。これは憲法24条の条文である。世間でいう「結婚」のことを法律用語では「婚姻」というが，結婚する当人たちが合意すれば，親や親戚などの同意を得なくても結婚できるということである。戦前の「家」制度の下では，婚姻は個人の問題ではなくて，「家」の問題とされ，戸主の同意を得ない婚姻には制約があったのである。戦後，「家」制度が廃止されるとともに，婚姻も個人を尊重する方向に大きく転換した。両親に結婚を反対されていたJの母親も，戦前であればこの結婚をすることは難しかったかもしれない。

もっとも，法律が変わったからといって，それだけで社会の意識が変わるわけではない。現在でも，「○×家と凹凸家の結婚披露宴会場」という案内板はよくみかけるし，「お嬢さんと結婚させてください」と許しを請う男性も多い。これらが，キリスト教徒でなくてもクリスマスを祝うのと同じような社会的慣習なのであれば目くじらをたてることはないかもしれないが，「家」制度が意識のなかに残っているのだとすれば，それは憲法と民法のめざす社会に逆行するものであることには注意を要する。

許されない結婚もある

　とはいえ，どのようなカップルでも婚姻できるわけではない。「個人の自由」ではすますことのできない場合があるのである（婚姻障害という）。

　民法は，①婚姻適齢（男子は18歳，女子は16歳〔2022年4月1日からは男女ともに18歳⇒159頁＊〕）に達していない者は結婚できないこと（民731条），②すでに配偶者（夫，妻）のいる者は婚姻できないこと（重婚禁止，民732条），③一定範囲の近親婚は禁止されること（民734条〜736条），④女性は離婚や夫との死別によって前婚が解消した日から起算して100日は再婚できないこと（再婚禁止期間，民733条〔ただし，前婚解消時に懐胎していない場合と前婚解消後に出産した場合にはこの期間内であっても再婚できる〕）などを定めている。

　これらのうち④については，従来，再婚禁止期間は6ヵ月とされていたのを，2016年に民法を改正して100日に短縮したものである。再婚禁止期間は，女性が離婚後すぐに再婚して子どもが生まれると父親が誰であるかわからなくなることを避けるために設けられた制度であるが，女性のみに再婚禁止期間があることが

男女平等に反することや，そうでないとしても今日の科学技術によれば6ヵ月も間を置かなくても父子関係はわかることから，従来の制度に対しては批判が強かった。婚姻法改正要綱も早くから再婚禁止期間を100日とする案を示していたが，最高裁も，最大判2015〔平成27〕・12・16（民集69巻8号2427頁）でそれらの批判の考え方を一部受け入れ，100日を超える部分について再婚禁止期間の規定を違憲とした。現在の民法733条は，この最高裁判決をうけて改正されたものである。それでも，女子に対するあらゆる形態の差別の撤廃に関する条約（女性差別撤廃条約）に基づく国連の女性差別撤廃委員会が，日本政府に対して，再婚禁止期間の完全撤廃を勧告するなど（2016年3月），まだ課題は残っている。

同性婚　同性間の婚姻は認められるだろうか。婚姻は本質的に異性間のものだと考えればそれは認められないが，同性婚を認めないことは婚姻の自由に反するとも考えられる。LGBTなど性の多様性に対する認識と理解が社会に広まるにつれて，本格的に問題となっている。外国では同性婚を認める国や，婚姻に準じる同性パートナーシップを法律で認める国が，21世紀に入って増えている。わが国でも，地方自治体が同性カップルによる「パートナーシップ宣誓」を認めて，異性カップルの婚姻と同等に扱うことを推進する例が，2015年の東京都渋谷区を皮切りに全国に広がっている。この宣誓によって法律上，婚姻の効力が生じるわけではないが，婚姻しているかのように行政サービスを受けたり，不動産の賃貸借契約をしやすくなることが期待されている。

「婚約しました。」
「入籍は？」

「私たち婚約しました。入籍は来月です。挙式ですか？　今のところ予定していません」。芸能人の記者会見などでよくきく言葉である。

　男女が将来夫婦になろうとお互いにする約束，それもそれなりに真剣味のある約束のことを，婚約という。婚約の証として婚約指輪を贈ったり，結納の授受がなされることが多いのは，その真剣味を形にしたものということができる（形にしなければならないわけではないし，そもそも婚約をしないでいきなり結婚することもできる）。婚約前の恋愛における「振った，振られた」には法は関知しないが，婚約破棄は法的な問題になりうる。もちろん，いやがる者を強制的に結婚させることはできないが，相手に迷惑をかけている以上，不法行為にもとづく損害賠償責任（精神的ショックによる慰謝料，式場や新婚旅行のキャンセル料などの賠償）は発生する可能性がある。結納や指輪を受け取った側に破談の原因がある場合には，それらを返還しなければならない。

　では，「入籍」とか「結婚式・披露宴」はいったい何のためにあるのだろうか。結婚式とか披露宴などの「儀式」は，宗教的ないし習俗的な意味があるにすぎず，婚姻の成立には関係ない。かつては儀式をしなければ夫婦とは認められないということもあったが，現在ではそのようなことはない。逆に，儀式だけを執り行っても，それによって婚姻が成立するわけではない。婚姻には，市区町村役場への「届出」が必要なのである（法律婚主義，民739条）。婚姻届を出すことを入籍と表現するのは，妻が夫の「家」の「戸籍に入る」という旧法時のなごりであり，現在は婚姻届を提出すると，その夫婦の戸籍が新しくつくられる。

しかし，現実には届出をしない「内縁の夫婦」（事実婚ともいう）はたくさんいる。これらのカップルと，届出をしたカップルとでは，どのような違いが生じてくるのであろうか。それを次にみてみよう。

法律婚は尊重される

夫婦である男女は，継続的な生活共同体を形成する。2人は終生のパートナーとして，お互いに協力して生きていくことが望ましいので（同居・協力・扶助義務，民752条），たとえば一家の収入をささえていた夫が愛人のもとに入り浸り，妻に生活費を渡さなくなっても，妻は夫に生活費の支払を請求でき（婚姻費用分担義務，民760条），不貞行為（貞操義務の違反）を理由に夫に損害賠償も請求できる。同時に，愛人に対しても不法行為にもとづく損害賠償を請求できるなどの保護を受ける。もし離婚することになれば財産分与を受けることもできる（民768条・771条）。また，夫婦の一方が死亡した場合に，残された配偶者は法定相続人となるし（民890条），婚姻生活から生まれた子は夫婦の嫡出子と推定され（民772条），法律婚は尊重されているのである。

また，婚姻のさいには，夫婦はいずれか一方の「氏」（姓）を選択しなければならない（夫婦同氏の原則，民750条）。現在の日本では圧倒的大多数が夫の姓を選択している（⇨*Column*⑫夫婦別姓）。

内縁は自由設計

これに対して，内縁の夫婦は姓を選択する必要もないし，選択することもできない（逆にこれが事実婚の魅力にもなっている）。また，子どもが生ま

　女性の社会進出が進むにつれて，婚姻による改氏が女性の職業活動や社会活動にとって不都合・不便であることや，改氏によって自己のアイデンティティを喪失するように感じること，さらに，条文上は夫と妻のいずれかの姓を選択できるようになっているから男女間の差別はないと形式的にはいえるものの，夫の姓を選ぶべきだとの社会的圧力（そこには「家」制度の名残がみられる）があるため，妻の姓を選択する夫婦は圧倒的に少数であり，実質的には不平等であるとして，夫婦同氏制は批判の対象となっている。

　そこで，婚姻法改正要綱は「選択的夫婦別姓」の導入を提案している。要綱のいう選択的夫婦別姓とは，夫婦が婚姻に際して，夫婦同姓（夫または妻の姓を名乗る）にするか，それとも，夫婦別姓（それぞれ婚姻前の姓を名乗る）にするかを選択できるという制度である。1996 年には国会への法案提出の直前までいったが，夫婦別姓が導入されると家族共同体のつながりが崩壊することなどを理由とする当時の与党自民党の反対にあい，いまだ実現をみていない制度である（1998 年以来，類似の内容を有する民法改正案が議員立法として何度も国会に提出されているが，これもまだ立法化にはいたっていない）。最高裁も，現行規定を合憲とした（最大判 2015〔平成 27〕・12・16 民集 69 巻 8 号 2427 頁。その後も，夫婦別姓の選択を認めない民法や戸籍法が法の下の平等に反するとする訴訟は相次いでいるが，下級審でも現行規定が違憲であるとは認められるにはいたっていない）。

　婚姻によって相手方の姓を選択した側が旧姓を通称としてできる場合は増え，住民票や運転免許証にも旧姓を併記できるようになってきているが，通称の使用が常に認められるわけではないし，問題の根本的解決にもなっていない。世界的には，むしろ夫婦同氏を強制する制度は珍しく，日本でも夫婦同姓は古来の伝統とい

うわけでもない。女性差別撤廃条約に基づく国連の女性差別撤廃
委員会も，日本政府に対して選択的夫婦別姓制度の導入を勧告し
ている。

～～～～～～～～～～～～～～～～～～～～～～～～～～～～～～～

れても，嫡出子とはならず，父親が認知するまでは父のいない子
になる。このように，内縁の夫婦は法律婚夫婦のような保護を受
けない。それにもかかわらず，ライフスタイルとして積極的に事
実婚（内縁）を選ぶカップルは多い。その理由はさまざまだが，
女性の社会的地位の向上が大きく影響している。従来の婚姻は，
どうしても「家」への従属を強いられがちであったためにそれを
避けたり，夫婦同姓を回避して別姓で生きていきたいという希望
などが，事実婚（内縁）としてかなえられているわけである。

内縁でも保護される
場合がある

ただし，内縁といっても，その実態は法
律婚による生活共同体と大きく異なるわ
けではなく，婚姻に準ずる関係であると

考えられている（準婚理論）。内縁の夫婦はお互いに同居・協
力・扶助義務や貞操義務を負うし，別れる場合には財産分与もな
される。ただ，内縁夫婦の場合は，婚姻の届出をしていることを
前提とする効果は生じない。たとえば，夫婦の姓は別々のままだ
し（むしろ，現在はこのためにあえて婚姻届を出さないカップルが多
いのではないか），子どもが生まれても嫡出でない子として扱われ，
さらに，内縁配偶者には相続権がない。もっとも，相続人がいな
い場合には，内縁配偶者が特別縁故者として相続財産（遺産）の
全部または一部を与えられることはあるし（民958条の3），建物
の賃借人（借主）が死亡した場合，同居の内縁配偶者は相続をし

なくても，居住をつづけることが認められている（借地借家法36条）。社会保険の分野でも，内縁配偶者を正式の配偶者と同じに扱うことが多い。

4 別れの美学

●離婚ということ

《母親の結婚生活は長くは続かなかった。「別れてくれ。好きな女がいる。」》

別れ方の美学

「死が2人を分かつまで添い遂げる」ことが理想だとしても，夫婦がお互いを人生のパートナーとしてみていけなくなったのであれば，無理に結婚生活を続けるよりも，お互いに納得したならきれいに別れて新しい人生をスタートさせた方がよいのかもしれない。現実にも，わが国で4組に1組の夫婦が離婚をしているとされる。しかし，夫婦共同生活を築きあげてきた者同士の別離は，そう簡単にはいかない。それまで積みあげてきた財産の扱いや，未成年の子どもがいれば，その子に対して与える影響なども考慮しなければならない。わが国では，離婚のための手続として，協議離婚，調停離婚・審判離婚，裁判離婚が設けられている。順にみていこう。

紙切れ1枚で離婚

わが国で認められている「協議離婚」（民763条）は，当事者が離婚届を市区町村役場の窓口に提出するだけで離婚できるという，世界的にみても珍しい制度である（当事者の合意だけでなくて，裁判所の許可

を必要としている国が多い）。しかし，わが国の離婚の約9割は協議離婚である。一時の激情にかられて離婚届を提出するとか，離婚後の財産分与や未成年子の将来についてよく話合いをせずに離婚してしまう例があとをたたない。職業をもつ女性が増えてきたとはいえ，現実には，離婚によって生活苦に陥る妻が不利益を受けることが多い。

「絶対にハンコは押しません！」

夫婦の一方が離婚に同意しない場合には，家庭裁判所における離婚調停が試みられる。いきなり離婚訴訟を提起しても，家事事件については「調停前置主義」がとられているので，その事件はいったん調停にまわされる（家事事件手続法257条）。これは，調停委員が当事者の合意形成を手伝う制度で，裁判によるよりも人間関係の調整をきめ細かく行える点に特徴がある。そして，調停で合意形成ができない場合（調停不調）に，はじめて離婚訴訟（裁判離婚）に移行する。もっとも，わが国の離婚は，協議離婚が87.2％，調停離婚が9.8％（2017年）であり，裁判離婚まですすむ例はあまりない。

家族法と紛争処理

家族法の世界における紛争は，その当事者や関係者の人格に直接関わり，人間関係のきめ細かい調整のための裁判所の裁量や後見的役割の必要性が強いなどの特殊性がある。そこで，家族に関わる紛争を扱う特別の裁判所として家庭裁判所が設けられている。家庭裁判所では，親子関係・夫婦関係など身分関係の存否に関する「人事訴訟」や，婚姻費用の分担や離婚時の養育費の負担などに関する「家事審

判」，そして「家事調停」が行われる。

　家庭裁判所での手続は証拠調べが職権で行われ（家事事件手続法56条・258条1項），また家事審判については非公開で行われる（同33条）など，通常の裁判所と手続が異なっているが，何よりも大きく異なるのは次の2点である。まず第1に，人事訴訟や家事審判の訴え提起前には，原則として「家事調停」を申し立てなければならないという「調停前置主義」がとられている（同257条）。家事調停は，当事者が自ら合意を形成できるように，調停委員が支援する紛争処理手続である。調停前置主義がとられているのは，本来，私生活上の紛争は当事者の合意で処理されるのが適切であると考えられるからである。

　第2に，家庭裁判所には，医学・心理学・社会学などの知識を有する家庭裁判所調査官がおり，その調査結果が審判や判決に生かされたり，当事者に対するカウンセリングが行われたりするのも，通常の裁判所にはみられない特徴である。

| 裁判離婚が認められる場合 |

　裁判離婚が認められるためには離婚原因が存在しなければならない。民法770条は，①不貞行為，②悪意の遺棄，③3年以上の生死不分明，④強度の精神病，⑤その他婚姻を継続し難い重大な事由という，5つの離婚原因を法定している。①〜④は，⑤がいう「婚姻を継続し難い重大な事由」の具体例であるとするのが，一般的な理解であり，結局婚姻関係が破綻しているかどうかが問題だということになる（破綻主義）。

ところで，破綻主義をとるとすれば，たとえば自ら愛人を作って家庭を顧みなくなった配偶者でも，婚姻は破綻したとして裁判離婚を求めることができるようになるのであろうか。これは，有責配偶者からの離婚請求として知られる問題である。従来は，離婚を求めているのが有責配偶者であれば，離婚請求は認められないとされた（消極的破綻主義）。夫が勝手に愛人をもって，そのため妻とは同棲できないから追い出すということが認められるようでは，妻は「全く俗にいう踏んだり蹴ったりである。法はかくの如き不徳義勝手気儘を許すものではない」とした最高裁判例がある（踏んだり蹴ったり判決＝最判 1952〔昭和 27〕・2・19 民集 6 巻 2 号 110 頁）。

しかし，その後，世の中の価値観は大きく変わり，破綻してしまった婚姻を継続させてもかえって当事者にとって不幸だという考え方が強くなってきた。そのような背景があって，最高裁は，別居が 36 年にもおよぶ，子のいない 70 歳を超えた夫婦の，有責配偶者からの離婚請求について，①夫婦の年齢と同居期間からみて別居期間が相当の長期にわたる，②未成熟子がいない，③離婚によって相手方が精神的・社会的・経済的に過酷な状況にならないなど，信義則に反しない事情があれば，という条件つきで，有責配偶者からの離婚請求であっても認めるべきであるという，積極的破綻主義に立つ判断を示すにいたっている（最大判 1987〔昭和 62〕・9・2 民集 41 巻 6 号 1423 頁）。

婚姻法改正要綱では，「5 年間の別居」がなされている場合には婚姻が破綻しているものとみて離婚原因としている一方で，その場合に離婚を認めることが配偶者の一方または子に著しい生活の困窮や耐え難い苦痛を与える場合には離婚を認めないという制

限をおいている（「過酷条項」という）。これによって，離婚請求をしている者が配偶者に対する協力・扶助を怠るなど，請求が信義に反する場合には離婚を認めない方向をめざしている。

離婚したあと　ただ，積極的破綻主義を押し進める場合にとくに問題となるのが，離婚後の収入のない配偶者の保護である。現実に問題となることが多いのは定収のなかった妻の生活保障であり，Ｊの母親も苦労したにちがいない。そこで，離婚にさいしては，財産分与がなされ（民768条），不十分ながらも①夫婦財産の清算，②離婚後の扶養，③慰謝料として役立つことが期待されている。

　民法は夫婦財産について，「別産制」を定めており（民762条。「夫婦財産契約」〔民法755条以下〕も認められているが，現実にはあまり利用されていない），婚姻中の夫の収入は夫の財産，妻の収入は妻の財産とされるから，専業主婦にはほとんど財産がない場合が多い。そこで，離婚時の財産分与においてはいわゆる「内助の功」も評価して，夫名義の財産でも妻に分与し，夫婦財産の清算が行われるわけである（①）。また，婚姻中に収入のなかった妻が，離婚後すぐに収入を得られるようになるのは難しい。②は，そのための，生活費の援助として位置づけられる。③は，離婚の精神的ショックに対する損害賠償である（ただし，慰謝料は相手に有責性がある場合に限るべきだとの議論もある）。

　なお，婚姻法改正要綱では，夫婦が協力して形成した財産は，離婚時にはその形成への寄与度に応じて分与されるとしたうえで，夫婦それぞれが同程度の寄与をしたものと推定すべきだとしている（反対の証明がなされないかぎり，財産は半分ずつ分けることにな

るので,「2分の1ルール」といわれる)。これによって,財産分与が,離婚後の夫婦の財産上の衡平を図るための制度であることの明確化をめざしているのである。

♪ *Break* ⑤　法の解釈 ♪

　法律はどのように解釈すべきでしょうか。

　法律を解釈するときに，法律を制定した人の意図を探って解釈すべきだという考え方があります。法律は立法者が一定の目的のために定めたものですから，この考え方には理由があります。

　でも，立法者の意図がどうであれ，制定されたのは法律の条文です。そして時代や社会の変化に応じ，この条文の意味は変化すると見るべきだという考え方がでます。この立場では，解釈はあくまで条文の意味を客観的に探るべきだということになります。

　条文の客観的な意味といっても，条文そのものは記号にすぎません。それは，なんら特定の意味を内包しているものではないのです。そこでリアリストと呼ばれる人たちは，条文の意味は解釈者によって付与されるものだと考えました。そうすると，法律を制定するという行為と法律を解釈するという行為は本質的に同じだということになります。しかも解釈者はみずからの価値判断に従って法を解釈するもので，解釈が正しいとか間違っているとかいうのは無意味だと主張しました。

　たしかにこの見解は，説得的です。でも，それでは，解釈者は自由に法律を解釈してもかまわないことになり，適切とはいえません。そこで支配的な見解は，法の解釈が解釈者の価値判断を含むものであるとしても，法律を解釈するときは法律の目的に応じて解釈すべきだと考えています。目的的解釈と呼ばれるものです。

　問題は，解釈を行うときに頭のなかでどのような作業が行われるかではなく，どうその解釈を正当化するかです。そこで今日では，法解釈を正当化のプロセスと位置づける見解が有力です。

épisode
3
さいごの願い

専門病院に転送されたＪの意識は依然として回復せず，植物状態のままである。Ｊは，生命維持装置がなければ，生きてはいけない。

　病室で，チューブにつながれたＪの横顔を見ながら，Ｊの母親は大きなため息をついた。

　「ねえ。もし私に事故でも起きて，寝たきりになってしまったら，お願いだからもうへんなことしないでね」
　ふと，Ｊが大学に入る前，テレビドラマか何かをみたあとで，ポツリとつぶやいたのを思い出した。
　「へんなことって，何よ」
　「ほら，チューブを体に入れたりして，機械につながれることよ。私は，そんなふうになるくらいなら，自然に死にたいんだから」
　「ばかなこというんじゃないよ」
　そう，そのときは，本当にばかなことをと思ったのに。

　Ｊの母親は，悩んだ。
　はたしてＪのあのときの言葉は，本心だったのだろうか。もしそれがこの娘の本心なら，Ｊの最後の願いをかなえてあげるのが母親としてのつとめだろうか。
　「あれが，おまえの本当の気持ちだったの？」
　Ｊの母親は思わずＪに語りかけた。
　だが，Ｊは何も語ってはくれない。Ｊの母親は，すがるように，Ｊの手を握りしめた。

　Ｊの母親の気持ちは揺れ動いた。

しかし，毎日Ｊの横顔をみるうちに，しだいに気持ちが固まってきた。

　もう回復の可能性がないのなら，せめてＪの最後の願いをかなえてあげようと。

　だが，生命維持装置をもう取り外してほしいとＪの母親が医師に告げたとき，医師は，冷たく首を振った。

　「すみません。日本では，法律でそれは認められていないんです。もしそんなことをすれば，私も刑事責任を問われてしまいます」

　「え？」

　Ｊの母親はがっかりした。思い悩み，思い悩んだ上で決心したのに，そう簡単にそれはできないというのは，どういうことだろう。Ｊの母親には，納得がいかなかった。法律で認められていないからできないというのはおかしいのではないか。そもそもこんなことを法律で決めるということ自体が，何か間違っているのではないのか。

　たとえ法律で認められていなくっても，Ｊの最後の望みくらいかなえてあげてもいいのではないか。大学に入学し，将来に夢をふくらませていたＪには，もはやその夢を語ることさえできない。そのうえ，Ｊの最後の希望さえ，かなえてあげられないというのだろうか。

　「何とか方法はないものだろうか」

第6章 法を決めるのは誰か

憲法 統治機構の基礎

生命維持装置の取り外しを認めるかどうかは，誰がどのようにして決めるのか。みんなが守らなくてはならないルールを誰が決めるかを決めているのが「憲法」である。そして，その憲法によって，みんなが守らなくてはならないルールを決めるべきだとされているのが国会である。本章では，憲法のなかで「統治機構」と呼ばれる分野について考える。

1 どうして勝手にさせてもらえないのか

《どうして生命維持装置を取り外してもらえないのだろう。Jの母親は当惑した。J本人が望んでいたことなのに。誰の迷惑になることでもないはずなのに。》

――――――
ルールを決めるのは
国会
――――――

生命維持装置を取り外すことができないというのはどういうことだろう。いったい誰がそんなことを決めたのだろう。

　実は，生命維持装置の取り外しだけでなく，この本で問題とされてきた民法や刑法の規定も含め，国民みんなが守らなくてはならないルールを定めているのは，国会である。国会が，「法律」を制定し，国民にそれに従うように命じているのである。したが

って，もし国会が生命維持装置の取り外しは許されないと法律で定めていれば，国民はそれに従わなければならない。

　では，どうして国会にそんなことが許されるのであろうか。いったいどのような権限にもとづいて，国会はそのようなルールを定めることができるのであろうか。

　それは，「憲法」がそう定めているからである。遠回りに思われるかもしれないが，まずこの仕組みからみてみることにしよう。

> ルールを決めるのは誰か
> を決めているのは「憲法」

憲法というのは，国の統治の基本を定めた法である。日本には，「日本国憲法」というその名のとおりの憲法がある。日本は，この日本国憲法を，太平洋戦争に敗れた翌年の 1946 年に制定した。

　もちろんこれにはわけがある。

　昔は，多くの国で国王（君主）が統治権をもっていた。国王の権力は絶対であった。国王の権力は，神によって授けられたものと考えられていた（王権神授説）。国王は，その権力を慈悲深く行使することもできた。だが，このことは，国王が恣意的にその権力を行使することもできたことを意味する。そこで，しだいに国王の権力に制限を設けようとする試みが行われるようになる。

　イギリスでは，国王の権力に縛りをかけようとする臣下たちの抵抗により，国王の権力に法的な制約が認められるようになっていった。そして，このイギリスの植民地として形成されやがて独立したアメリカで，政府の権力の行使を法で統制するため，統治の基本となる法を成文の憲法典で宣言するという慣行が樹立される。アメリカ合衆国は，1788 年に制定された「合衆国憲法」に

よって創出された。新しく作られた国王をもたない国は共和制であり，「憲法」は「われわれアメリカ合衆国人民」が制定した文書として宣言されている。

フランスも，フランス革命ののち，1791年に「憲法」を制定している。この憲法ではまだ国王が認められていたが，その地位は国民の意思にもとづくものであった。そして，その後共和制に移行し，フランスでは1793年，1795年と憲法が制定されている。

このような「憲法」という名のついた法を定め，そのなかで国の統治の基本を定めようというのは，実は，この18世紀末にはじまる「近代」という時代にとられるようになったひとつの試みであった。それは，権力の由来が神ではなく国民自身であることを明確にするとともに，国民が憲法を制定し，憲法によって国の統治の基本を定めて，「人の支配」ではなく「法の支配」を確保し，国民の権利を保障しようとしたものであった。

日本で憲法が制定されたことには大きな意味がある

もちろん，太平洋戦争の前も日本の指導者たちはこういったことを知っていた。しかし日本では，明治維新のあと明治政府が西欧先進諸国に肩を並べうるような法制度の樹立をはかったときにも，アメリカやフランスのような憲法を制定しようという考え方はとられなかった。

その後，明治政府も民選議会の開設を求める国民の声に，議会開設を約束せざるをえなくなった。そのためには，憲法制定が必要であった。だが当時の指導者たちは，アメリカやフランスではなく，ドイツ・プロイセンの憲法をモデルに憲法を制定しようとした。こうして1889年に発布された明治憲法（大日本帝国憲法）

は，天皇がもっている統治権を前提とし，天皇の統治権行使に一定の枠を自分ではめたものにすぎなかった。憲法は天皇が制定したものであり（欽定憲法と呼ばれる），天皇が統治権を一手にもっていることを明らかにし（統治権を総攬するという），しかも，天皇が神聖不可侵の現人神であることを宣言していた。それは，実は憲法という名前に値しない，みせかけだけの憲法にすぎなかった（外見的立憲主義と呼ばれる）。

　しかも，太平洋戦争に突入するなかで，しだいにそのみせかけさえも消し飛んでしまい，軍の独裁と，それを支持する国家総動員体制ができてしまった。

　敗戦後，占領にあたった連合国総司令部は，太平洋戦争を導いた原因をこのような近代的な憲法の欠如にみいだし，日本に憲法改正を求めた。しかし，日本側の指導者たちはなかなかこれに応じなかった。その結果，結局，総司令部が新しい憲法の草案を作成して日本側に手渡し，日本側がそれにもとづいて憲法を改正することとなった。それは，憲法改正という形はとっているが，実質的には新しい憲法の制定であった。

　日本国憲法は，このようにして制定されたのである。

日本国憲法はどのような統治のシステムを定めているのか

日本国憲法は，まさに憲法という名にふさわしい憲法である。

　憲法は，まず前文の冒頭で，憲法が国民によって制定されたことを宣言し，国民に主権があることを明記している。このことの意味についてはあとで触れるが，これにより，少なくとも政府の権力はすべて国民に由来することが明らかにされた。天皇は，もはや「象徴」にすぎない（憲1条）。天皇

図 6-1 日本の統治メカニズムのイメージ図

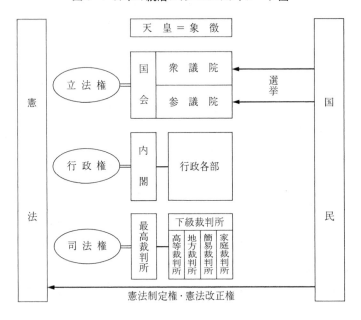

は，政治の実権を憲法上も有してはいない（この点で日本の天皇はイギリスの女王とは決定的に異なる）。

　しかし憲法は，その政府の権力を，法を作る権力である立法権，法を執行する権力である行政権，そして法を司る権限である司法権の3つに区別し，それぞれの権力をそれぞれ国会，内閣，裁判所に付与した。これは，政府の権力をひとつの機関に集中させることは危険であるという考え方にもとづくものである。この考え方は，モンテスキューが主張したもので，「権力分立原則」として知られている。この原則は，合衆国憲法によってはじめて憲法上採用され，いまでは日本国憲法だけでなく世界の国々で広く採用されている（⇒図6-1）。

このうちで最も重要なのは，立法権である。かつて国王は自由に法を制定できた。しかし，やがて国王が法を作るさいには，いろいろな身分の代表の意見をきかなければならなくなった。そして，近代になって，この身分の代表が，国民の代表からなる「議会」へと変化する。とともに，国王は，実権を失う。いまではほとんどの国で，法を作るのは議会の権限である。

　そういうわけで，法を作る権限，つまり立法権が憲法により国会に与えられているので，国会は法律を定めることができ，国民は国会の制定した法律に従わなければならないということになっているのである。

《どうしてそんな面倒くさい話になるんだろう。いまそこに生命維持装置をつけて横たわっているJをみてほしい。憲法だなんていわなくても，国民の多くの人が希望するなら，その希望がかなえられてもいいではないか。》

憲法は国民の決めた最終的ルール

　では，どうして憲法に従わなくてはならないのであろうか。「憲法がどう定めていようが関係ない。国民の多数者が自由に決定すればよいではないか。それを妨げる権利は誰にもないはずだ」という疑問も当然である。

　実は，この考え方をとっている国もある。イギリスでは，成文の憲法典はなく，憲法は国の統治の基本を定める法律や「習律」と呼ばれる慣習法によって構成されている。そしてイギリスでは議会に主権が認められ（議会主権），議会が定めたことが絶対である。それゆえ議会は，法律で何でも定めることができる。

しかし，成文の憲法典を制定したアメリカなどの国々では，憲法の改正には通常の立法とは異なる特別な手続が必要とされ，法律と同じようには憲法を改正することができない（硬性憲法と呼ばれている）。日本もこの立場をとっている。それゆえ，たとえある時点で国民の多数者があることを望ましいと判断しても，それが憲法に反する場合には，憲法自体が改正されない限り，それを行うことは許されない。

　このような憲法の特別な力は，それが国民によって制定された特別な法であるという考え方にもとづいている。実際，日本国憲法は，憲法の前文の冒頭，日本国民が「この憲法を確定する」と宣言し，憲法を制定したのが日本国民であることを明確にしている。しかも，そのさい憲法は，「主権が国民に存する」ことを宣言している（憲法は，1条でも，主権が日本国民に存することを確認している）。つまり，憲法は，憲法を制定する権力（憲法制定権力という）が国民にあるという考え方にもとづいて，国民が制定した法なのである。

　それでも，憲法を制定したのは過去の「国民」である。今生きている「国民」はなぜ過去の国民の決定に縛られなければならないのであろうか。

　おそらく，今の国民が憲法に縛られなければならない必然性は存在しまい。憲法は，後述するように，不満がある場合に憲法を改正する余地を残しつつ，将来の国民に対してこの憲法への支持を表明するように求めている。それに応じるかどうかは，それぞれの時代の国民が決めるべきことである。今の国民が，憲法への支持を表明し，それを正当な憲法とみて，それに従って国の統治の基本を統制していこうと考えるとき，はじめて憲法は国民の決

定を拘束する力を主張することができるものというべきであろう。

国会も憲法に反する法律を制定することはできない
このようなわけで，憲法こそが，その国の統治の最終的なルールを決めた法である。そして国会は，この憲法によって付与された「立法権」を行使して，国民が守らなければならないルールを定めることができるのである。

もちろん，ルールを定める権限を国会に与えたのが憲法である以上，国会は憲法に反することはできない。日本国憲法は，「この憲法は，国の最高法規であって，その条規に反する法律，命令，詔勅及び国務に関するその他の行為の全部又は一部は，その効力を有しない」（憲 98 条 1 項）として，このことを明らかにしている（憲法の最高法規性という）。

しかも，憲法は，「最高裁判所は，一切の法律，命令，規則又は処分が憲法に適合するかしないかを決定する権限を有する終審裁判所である」（憲 81 条）と定め，国会の制定した法律が憲法に合致しているかどうかは最高裁判所が最終的に決定するという仕組みを取り入れた。司法審査制度と呼ばれるものである（これについては，⇒*Focus* ④司法審査）。

それゆえ，国会は憲法に定められた権限しか行使することはできないし，国会がその権限を行使する際には憲法の定める手続に従わなければならない。したがって，憲法は行政権を内閣に，司法権を裁判所に与えているから，国会は行政権や司法権を行使することはできない。また国会が立法権を行使する際にも，憲法の定める手続に従わなければならない。

さらに憲法は，国会の権限に特別の制限を置いている。その最

も重要なものが憲法9条の平和主義である。憲法は，太平洋戦争を深く反省し，日本が再び戦争の惨禍にあわないように（憲法前文第1段参照），平和のうちに生存する権利を宣言するとともに，9条で国権の発動たる戦争と武力による威嚇または武力の行使を，国際紛争を解決する手段としては永久に放棄すること（1項），そしてその目的を達成するために陸海空軍その他の戦力を保持しないこと，国の交戦権をもたないことを宣言した（2項）のである。したがって，国会はこれらの制限に反することもできない（ただし国会は，この9条は日本が自衛のための必要最低限度の実力を保持することまで禁じてはいないとの立場から自衛隊をもうけている）。

2　法律はどのように制定されるのか

《そんな馬鹿な。Jの母親は当惑した。国会なんて，日頃気にしたこともない。国会議員の選挙にもあまり関心はなかった。もし国会にJの生命維持装置の取り外しを法律で認めてもらわなければならないとしたら，どうしたらいいだろうか。》

国会とはどんな機関か

生命維持装置の取り外しが法律上認められていないとすれば，法律を変えてもらわなければならない。そのためには，国会が法律を改正することが必要である。

では，そもそも国会とはどんな機関であろうか。国会に立法権がゆだねられているということにどんな意味があるのだろうか。

国会は，国権の最高機関であって国の唯一の立法機関である

（憲41条）。このことは，国会以外の機関は立法を行うことができないということ（国会独占立法の原則と呼ばれる），そして国会だけで立法できるということ（国会単独立法の原則と呼ばれる）の2つを意味する。国会は，この立法権を行使して，「法律」という形で法を制定する。

　国会は，衆議院と参議院という2つの議院で構成される（憲42条）。いずれの議院も，「全国民を代表する選挙された議員」によって構成される（憲43条1項）。

　すでに述べたように，もともと議会は，国王の権力行使に同意を与えるために召集された組織であった。それが，しだいに法を作る機関として捉えられるようになったのである。ただ，議会をどのような組織で構成するのかは，各国でかなり違いがある。国王がいるイギリスでは，立法権は，庶民院と貴族院と国王の3者が同意して初めて成立する。そこでイギリスでは，「議会」は，国王と庶民院と貴族院の3者によって構成されると考えられている（もっとも国王は実権をもたないし，庶民院には貴族院に対し圧倒的に支配的な地位が認められている）。貴族が存在せず，連邦制をとるアメリカでは，連邦議会は州の代表である上院と，人口比例で配分される下院とから構成されている。日本では，明治憲法下では帝国議会には貴族院があった。そして憲法制定当初，国会を1院制とする構想が総司令部から示されたが，日本側が強く反対し，結局2院に落ち着いたものである（ただし，参議院の存在意義がどこにあるのか，きわめて不明確である）。

　国会議員は，全国民の代表である。代表というのは，代理とは異なる。それゆえ，国会議員は，選挙民の代理ではない。「全国民の代表」というのは，国会議員は選挙民の意思に拘束されず，

全国民の利益のことを考えて行動すべきだということを意味する。

　だから，国会は，恣意的に行為する国王に代わって，国民の代表者が国民のことを決めるという民主的な機関なのである。国会だけが法律を作ることができるというのは，人類の永い歴史のなかで国民が勝ち取ってきた成果なのである。

```
┌─────────────────┐
│ 国会ではどのようにし │
│ て法律が作られるのか │
└─────────────────┘
```
では，法律はどのようにして作られるのであろうか。Jの母親が，生命維持装置の取り外しを認めるように法律を改正してもらいたいと考えたとき，どうしたらよいのであろうか。

　法律を制定するとは，「法律」という名のついた法を国会が制定することを意味する。法律を改正するにも，ある法律を改正する「法律」を制定しなければならない（→図6-2）。

　法律は，法律案として国会に提出されなければならない。国会議員であれば，誰でも法律案を国会に提出することができる。議員提出法案と呼ばれるものである。Jの母親とすれば，地元の選挙区の議員とか，生命維持装置の取り外しに関心をもつ議員に働きかけて，法律案を国会に提出してもらわなければならない。*

　ところが実際には，このような議員提出法案はあまり多くはない。国会に提出される法案のほとんどは，現実には内閣提出法案なのである（ただし，最近ではいくつかの重要な法案が議員提出法案として成立していることは注目される。後述する臓器移植法は，まさ

---

*法案提出の要件　　国会法は，一定数の支持がなければ議員による法律案の提出を認めていない（56条）。法律が制定されるためには過半数の賛成がなければならないから，過半数の賛成を得ることが困難な法律案を審議することは無駄だということである。しかも国会内では，会派の支持がない場合には法律案を受理しないといった慣行まである。

図6-2 立法プロセスのイメージ図
（衆議院に法案が先に提出された場合）

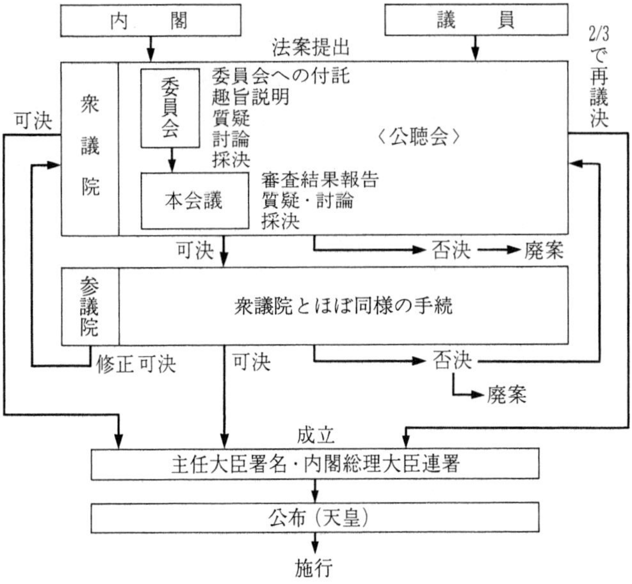

にそうした例である）。

　国会に立法権がある以上，本来国会に法律案を提出できるのは
国会議員に限られるはずだとも考えられる。ところが，後述する
ように，議院内閣制がとられていることを根拠に，内閣にも法律
案の提出権が認められると考えられている。そして個々の議員が
法律案を作成することの難しさもあって，実際には圧倒的多数の
法律は内閣提出法案となっている。

　このような内閣提出法案の場合，法案の原案は，行政府内部の
どこかの部局で作られる。したがって，もし生命維持装置の取り
外しを認める法律案を内閣に提出してほしいと考えるなら，Jの
母親とすれば，行政内部の担当の部局（おそらく厚生労働省のなか

の部局）をまず説得して法律を制定する気になってもらわなけれ
ばならない。通常，Jの母親個人では，なかなか担当の部局を動
かすことは困難である。議員を通じて働きかけたり，市民団体を
結成して働きかけたり，マス・メディアを通じて世論を盛り上げ
るなどの方法をとることが必要となる。

　しかも担当部局が法律案を作成するといっても，行政府内部で
の調整も必要である。関係する他の部局とのすりあわせや根回し
が当然求められる。また，国会で制定してもらうためには与党の
支持が必要である。当然，与党との折衝も必要となる。刑法など
の重要法律の改正であれば，法務省は法制審議会といった審議会
にかけ，法曹関係者の意見を聞かなければならない。関連する利
益団体がある場合には，当然その意見を聞く必要がある。改正に
反対する団体もあるかもしれない。したがって，担当部局を説得
できれば法律が制定されるかというと，そう簡単ではない。

　担当の部局で法案が作成され，最終的に大臣の決裁を受けると，
その省の案ができる。しかし，しばしば法案が他の省とも関係し
ている場合には，これらの関連する行政機関と公式の協議が行わ
れる。最終的に国会に提出される前には，法律の専門機関である
内閣法制局のチェックを受けなければならない（予算を必要とす
る場合には財務省のチェックも受けなければならない）。そして内閣
として法律案を了承し法案提出を決定する（閣議決定という）と，
内閣提出法案となるのである。

　法案は，国会のいずれかの議院にまず提出される。法案を受け
付けると，議長は，法案を印刷して各議員に配布し，委員会に付
託する。国会の会議はすべての議員が出席して行われる「本会
議」であるが，すべてをこの本会議で行っていたのでは身動きが

とれない。そこで実際には，法案の検討などは委員会を作って，そこで行うことになっているのである。委員会では，法案の提出者が提案理由，法案の目的や内容などを説明する。趣旨説明と呼ばれる。これに対し質疑が行われ，続いて討論，採決となる。委員会を通ると，法案は本会議に付される。ここでも委員長の委員会における審査の概略と結果の報告に続いて，質疑，討論，そして採決となる。議事に必要な定足数は総議員の3分の1であり，議決には出席議員の過半数の支持が必要である（憲56条）。

　本会議で可決されれば，法案はもう1つの議院に送付される。そして，基本的には同じプロセスを踏んで法案が審議される。そして，法案は両院で可決されたときに成立する。ただ，ここで重要なのが，衆議院の優越である。憲法は，2院制をとりながら，衆議院を通過した法案が参議院で否決された場合，衆議院が3分の2以上で再可決すれば，法律は成立すると定めているのである（憲59条2項）。

　こうして法律が成立すると，主任の国務大臣が署名し，内閣総理大臣が連署することになる（憲74条）。これは執行責任者の責任を明確にするためのものである。そして，法律は公布されてはじめて執行されることになる。

　このように法律を制定するというのは，なかなか大変な作業である。

<hr>
生命維持装置の取り外しはなぜできないのか

　では，Jの生命維持装置の取り外しができないというのはどういうことであろう。実は，現在日本では生命維持装置の取り外しを明示的に禁止した法律の規定があるわけではない。ただ，

刑法は，殺人罪（刑199条）を処罰している。これには作為による殺人も不作為による殺人も含まれる。人の命を保護する義務を負う人がその義務を意図的に怠って人を死に至らしめた場合，殺人罪が適用される可能性がある。それゆえ，本人の同意なしに生命維持装置を取り外した場合，医師は，生命を救う義務に違反して死を招いたとして殺人罪に問われる危険性があるのである。

また，刑法では，自殺自体は犯罪とはされていないが，自殺幇助および同意殺人は禁止されている（刑202条）。たとえ本人の同意があったとしても，担当医師がJの生命維持装置を取り外した場合，自殺幇助あるいは同意殺人で逮捕され，起訴されるかもしれないのである（Jが成人であれば，Jの母親にはJに代わって同意を与える権限はないことに注意）。

もちろん，日本国内にも，生命維持装置の取り外しや，さらには安楽死（➡ *Column* ⑰安楽死の権利）をも合法化すべきだという声がある。そして，実際には家族の同意のもとで生命維持装置の取り外しを行う医師や病院もある。だが，死をめぐる国民の間の激しい意見の対立のなかで，国会はなかなか動けないのが実状である。

たとえば，脳死者からの臓器移植を認めるべきだとの主張が有力になってからかなりたつ。欧米では，臓器移植は日常医療の一部になっている。しかし，日本では，国会は臓器移植を認めることに消極的であった。臓器移植を認めるためには，脳死を人の死とみなければならない。ところが，これに強い反対があったのである。

実は，これまでも，心臓死を「死」とする法律の規定があるわけではなかった。ただ，これまで判例も実務も，心臓死を「死」

と扱ってきたにすぎない。ところが臓器移植を認めるためには脳死を人の死と認めなければならない。しかし，このように脳死を「死」と認めることに対しては，心臓が動いているうちは「死」とはいえないという意見や，脳死を認めると心臓が動いているうちに医者に勝手に死を宣告され，臓器を移植されてしまうのではないかという医療不信の意見が少なくなかった。そのため，脳死を「死」とする法律はなかなか制定できなかったのである。

その結果，臓器移植を認める臓器移植法が制定されたのは，ようやく 2007 年になってからであった。しかも，制定された法律では，臓器移植の場合にだけ，脳死体を死とするという中途半端な内容であり，また要件や手続はきわめて厳格であった。臓器移植を行うことはきわめて難しかった。そのため，法律が施行されて 1 年以上たって，ようやく最初の脳死者からの臓器移植が行われ，現在までわずか 476 例（2019 年 8 月 29 日現在）ほどが行われたにすぎない。*

生命維持装置の取り外しも，そういう状況の中で，明確に法律上許容されないまま今日にいたっているのである。

---

*臓器移植の現在　　こうした中で，従来臓器移植を待つ多くの患者が海外に移植のために渡航してきた。とりわけ日本では 15 歳未満の子どもからの移植は認められず，従来海外に渡航しなければ移植は受けられなかった。しかし，国際的に移植を求めての海外渡航に消極的な姿勢が強まり，国内で移植を促進することが求められた。そのため 2009 年 7 月に臓器移植法が改正され，これまでより臓器移植要件が緩和された（本人の書面による臓器提供の意思表示があった場合であって，遺族がこれを拒まないとき又は遺族がないときだけでなく，本人の臓器提供の意思が不明の場合であって，遺族がこれを書面により承諾するときにも可能となった）。また 15 歳未満の子どもについても，移植が可能となった。これによって臓器移植の数は今後増えていくものと思われる。しかし，いまもなお移植を待ちつつ死を余儀なくされる患者の数はきわめて多い。

3 法律はどのように執行されるのか

実は，話はこれでおしまいなのではない。
このようにルールを定めるのは国会であ
るが，国会がそれを執行するわけではな
い。法律を執行するのは内閣なのである。

　法律を執行する機関をどのように組織するのかについては，2
つの異なったアプローチがある。1つが大統領制で，アメリカが
その典型例である。大統領は，間接的ながら国民から選挙で選ば
れ，法律の執行を担当する。もう1つが議院内閣制で，イギリス
がその典型例である。イギリスでは，国王に助言を与えるために
内閣制度が形成され，やがて国王が実権を失って内閣が法律執行
の実権をもつようになった。しかも内閣は，はじめ国王の信にも
とづいて成立していたが，やがて議会の信にもとづいて存立する
ようになった。これが議院内閣制である。

　日本は，このイギリス型の議院内閣制をとりいれた。そこで，
憲法は，法律の執行を担当する「行政権」を内閣に与え（憲65
条），そのリーダーである内閣総理大臣を，国会が国会議員の中
から指名すると規定した（憲67条1項。任命は天皇である）。内閣
は，この内閣総理大臣が他の国務大臣を任命することによって権
限を行使する（組閣という）。内閣は，行政権の行使について国会
に対して連帯して責任を負う（憲66条3項）。そこで，衆議院に
は内閣不信任の決議を行う権限が認められ，内閣不信任案が可決
された場合，内閣は総辞職するか，衆議院を解散し，国民の判断

を仰がなくてはならない（憲69条）。つまり，憲法は，法律の執行を内閣にゆだねながら，国会に対する責任を負わせることによって法律の執行に対する国会のコントロールを確保しようとしたのである。

**実際に法律を執行する
のは行政機関**

もっとも，とはいっても，この内閣が法律を実際に執行するわけではない。膨大な法律執行の責務を果たすため，内閣の下には行政各部と呼ばれる行政組織が設けられており，数多くの省庁が設けられている。実際に法律を執行するのは，このような行政機関，そしてそこに働く官僚である。

　日本では，とくに従来は大臣が年功序列と派閥の均衡によって選ばれるため，必ずしも担当の行政機関の活動に詳しいとは限らなかった。しかも大臣はすぐ代わる。そこで，政治家による官僚のコントロールは有名無実化し，国会の答弁でも，大臣に代わって政府委員と呼ばれる官僚が詳細を説明する始末であった（この政府委員制度は，1999年にようやく廃止されたが，現在では官僚を政府参考人として招くことが行われている）。そのため，日本では法律の執行については，官僚の力がきわめて強く反映するのである。

**法律の執行には広範な
裁量が認められている**

また議院内閣制をとる日本では，法律の執行に際して内閣および行政機関の広範な裁量を認める例が圧倒的である。「裁量」というのは，判断に幅があるとき，その幅のなかでどのような選択をしても法律上許されることを指す。本来は，ルールを決めるのは国会であるから，法律の執行に際して裁量が入らないよ

うに，しっかりと法律で規定することが求められる。しかし，法律の改正は簡単ではない。細かく定めて頻繁に改正することになるよりは，一般的な定めをおいて，法律を執行する者に柔軟な対応を認めておく方が都合がよい。そこで，実際には，法律は一般的抽象的な規定をおき，内閣や行政機関に広範な裁量をゆだねることが広く行われている。

これはある程度，世界各国共通の現象である。しかし，日本では，その傾向がきわめて強い。そもそも法律案の圧倒的多数は，内閣提出法案である。行政機関内部で作成された法案が，行政機関に広範な裁量をゆだねるようできていたとしても何ら不思議ではない。

Jのケースもそのような背景で理解しなければならない。

たとえJの生命維持装置を医師が取り外しても，その医師が実際に殺人罪の容疑で取り調べられ，逮捕・起訴されるかどうかは，法律を執行する責任を有する検察官の裁量による。生命維持装置の取り外しに反対する人は，担当医師を殺人罪で告訴するかもしれない。だが，起訴するかどうかの最終的決定は検察官が行う。Jの母親が思いあまって自分でJの生命維持装置を取り外してしまった場合も同様である。検察官は，行政の一部ではあるが，独立性を認められており，内閣の指揮監督というのがストレートには適用されない。それゆえ，生命維持装置の取り外しは法律上認められてはいなくても，検察官が起訴しなければ，基本的に処罰されることもない（ただし，48頁参照）。

同様に，医師法により，医師になるには厚生労働大臣の免許を必要とするが，医師が「医事に関し犯罪又は不正の行為」を行ったり，「医師としての品位を損するような行為」を行った場合，

厚生労働大臣は医師の免許を取り消すことができる。Ｊの母親の希望を聞き入れて担当の医師がＪの生命維持装置を取り外した場合，その担当医師は，これによって医師免許を取り消されてしまうかもしれない。しかし，ここでも，厚生労働大臣は免許を取り消すこともできるが，取り消さないこともできる。これが裁量と呼ばれるものである。

このように，行為自体が法律によって認められていなくても，それを行ったからといって，刑罰や医師免許の取消しなどの行政上の制裁が課されるとは限らないのである。

法律の執行を裁くのは
裁判所

もちろん，法律に反する行為があったかどうか，それに刑罰や行政上の制裁を課すのが妥当かどうかを最終的に決定するのは，裁判所の役割である。

憲法は，最高裁判所と国会が定める下級裁判所に「司法権」を付与している（憲76条）。司法権は，法を適用して紛争を裁く作用である（裁判所法3条1項）。したがって，契約や不法行為をめぐって私人の間に紛争がある場合も，国民が刑法の規定に反して起訴された場合も，そして行政機関の行為の適法性が問題とされた場合にも，すべて最終的に争いを解決するのは裁判所なのである。

つまり，Ｊの生命維持装置を取り外して担当医師が逮捕・起訴されても，あるいはＪの母親が生命維持装置を取り外して逮捕・起訴されても，その行為について最終的に判断するのは裁判所である。また，Ｊの担当医師が生命維持装置を取り外して厚生労働大臣により医師免許を取り消されても，医師はその免許の取消し

を不服として裁判所に訴えを起こすことができる。この場合，通常の民事訴訟とは異なり，行政事件訴訟法に従って訴えを起こさなければならない。「行政訴訟」と呼ばれるものである。しかし，免許取消しが適法かどうかを最終的に決定するのは裁判所であることに変わりはない。

　ただ，日本の裁判所は，刑事事件で行為の違法性阻却を認め無罪判決を下すことはほとんどない。これについては，いろいろな問題点が指摘されている。しかし，その１つの原因が，裁判に国民の参加がないという点にあることは疑いがない。たとえばアメリカでは陪審制がとられているため，検察官が起訴しても被告人が有罪かどうかを決めるのは，市民から選ばれた「陪審」である。当然，被告人と検察官の双方の主張を聞いて陪審が無罪の評決を下す場合も少なくない。この陪審制度にはメリットもデメリットもあるが，少なくともそれが，法律の執行の最終段階で一般公衆の考えを反映させるという点で優れていることは事実であろう。日本でも陪審制の導入を主張する声が少なくなかった。しかし，次第に国民の司法への参加を求める声が強まり，司法制度改革の一環として2004年に「裁判員の参加する刑事裁判に関する法律」（裁判員法）が成立し，2009年５月から施行された。陪審制のように陪審員に被告人の有罪無罪の判断をゆだねてしまうのではなく，国民から選出された裁判員が裁判官とともに裁判に加わる制度であり，一般に「参審制」といわれるものに当たるが，国民の司法参加が日本国憲法のもとで初めて認められた点が注目される。

　また，行政機関の行為を争う行政訴訟については，行政事件訴訟法という法律が適用されるが，この法律のもとでは行政機関が圧倒的に有利に仕組まれており，国民が行政機関の行為を争うこ

とは困難である。裁判官も行政機関の判断を尊重しがちで，その結果行政機関の勝訴率がきわめて高い。2004年に改正が行われ，2005年4月1日から施行されたが，はたしてこれで救済が拡大したかどうかには疑問がある。日本では，依然として，法律を執行する行政機関の判断が大きな役割を演じることは変わらないのではないか，と思われる。

4 最終的に決めるのは国民

《何とか方法はないだろうか。Jの母親は，気を取り直して，考える。Jの置かれている状況をほかの人にも知ってもらい，国民の多数が生命維持装置の取り外しを認めてくれれば，きっと途が開かれるはずだ。》

国会は国民の意思に従わなくてもよいのか

Jのケースがマス・メディアで広く紹介され，多くの国民が生命維持装置の取り外しを認めるべきだと考えるにいたったとしよう。そしてそれらの声に押されて行政と国会が腰を上げ，生命維持装置の取り外しを認める法律を制定すれば，Jの希望はかなえられる。すでにみたように法律の制定は複雑なプロセスであるが，行政機関も議員も国民の声をまったく無視することはできない。法律の制定を最終的に左右するのは，国民の意見なのである。

ただ，国民の多数が生命維持装置の取り外しを認めるようになっても，国会はその意思に従って生命維持装置の取り外しを認め

なければならないわけではない。国会は，国民の多数の意思にしたがう義務はないのである。

　まてよ，おかしくないか，と思われる人もいるかもしれない。憲法は，「国民主権」という原理に立脚しているはずであり，国民が主権者なら，国会議員は国民に従うべきであり，選挙で示された国民の意思に拘束されてしかるべきではないか，と。

　たしかに日本国憲法は，国民主権原理に立脚している。したがって，国民主権原理から，国民が政治の実際の実権を握っているはずであり，国民の意思こそが支配すべきだという考え方が導かれないではない。

　しかし，現在の支配的な見解は，国民主権は，憲法を制定する力（憲法制定権力）が国民にあり，国民こそが政治権力の源泉であることを示すにとどまると考えている。主権は，正当性の源泉を指し示すにとどまるのである。この見解では，主権者である「国民」はすべての日本国民であって，選挙民（有権者）ではない。だから，議員は全国民の代表なのであり，選挙の結果は議員を拘束しないのである。それゆえ，選挙区の選挙民が代表者に国会でどうこう投票しろと指揮したり，選挙民の意思に反して投票した代表者を解職するリコール制度のような「命令的委任」の制度は，許されない。

　この理解では，実際に政治を決定するのは代表者である。憲法も，「正当に選挙された国会における代表者を通じて行動」することを宣言し，「そもそも国政は，国民の厳粛な信託によるものであって，その権威は国民に由来し，その権力は国民の代表者がこれを行使し，その福利は国民がこれを享受する」（前文）と宣言している。国民の政治への支配は，間接的なのである（ただ，

最近は，国会議員は選挙民の意思をなるべく反映するのが望ましいという見解もある）。

政治を最終的に決めるのは国民

しかし，そうだとしても，最終的にどうすべきかを決定できるのはやはり国民だといえる。

まず，そもそもルールを決定する権限が国会にあるといっても，その国会議員を選挙する権限をもっているのは国民である。憲法は，実は，「公務員を選定し，及びこれを罷免することは，国民固有の権利である」と定め（憲15条1項），すべての成人国民に普通選挙権を保障している（憲15条3項）。

国民はこの選挙権を行使して，みずからの支持する政策の実現をはかることができる。しかも，国民は，もし国会の状況に不満をもっていれば，次の選挙で別の代表者を選出することにより，国会の政策の変更を求めることもできる。

また，みずからの支持できる候補者がいない人は，みずから立候補することもできる。さらに国民は，憲法によって表現の自由や結社の自由を保障されている。国民はそれらの権利を行使して，政治を批判し，政治に参加することもできる（⇒*Column*⑬もしJが外国人だったら）。

国会議員は，全国民の代表であって，選挙民の意思に拘束されるわけではないけれども，このようにして憲法は，国会が国民の意思をないがしろにしないよう確保しようとしているのである。

　もし J が外国人だったら，どう考えればよいのであろうか。

　憲法は，日本国民の要件は法律で定めるとしており（憲 10 条），これによって国籍法という法律が制定されている。憲法が，統治のルールを日本国民を前提にして組み立てているのは当然である。憲法は，国民に選挙権を保障しているが（憲 15 条），主権が国民にあり，国政が国民の代表者によって決定されるべきだとする民主主義原理がとられている以上，国政選挙について外国人に選挙権が与えられないこともやむをえない。

　ただ第 7 章でみるように，憲法の保障する基本的人権は一般に人間が生まれながらにしてもっている権利だと考えられている。したがって，外国人でも，原則として基本的人権を享有すると考えられている。もちろん，外国人と国民との間には当然違いがあるから，外国人の基本的人権を特別に制限しても憲法上許される場合が認められることになる。

　もっとも，一口に外国人といっても，一時的な旅行者もいれば，在日韓国・朝鮮人のように日本に生活の本拠をもっている人もいる。とくに在日韓国・朝鮮人の場合，日本は韓国併合によって日本国籍を強制し，敗戦後支配権の喪失を理由に一方的に日本国籍を喪失させた経緯がある。学説のなかには，このような在日韓国・朝鮮人のような「定住外国人」の場合には，日本国民と同等に扱う必要があるとの主張も有力になってきている。それゆえ，地方の選挙ではこれらの定住外国人には選挙権を認めたり，基本的人権の制約についても，定住外国人の人権は日本国民と同等に認めるべきだという主張が強くなってきている。ただし，「定住外国人」の範囲も定かでないし，なぜ「定住」であれば日本国民と同様に扱わねばならないのかの説明もはっきりしないため，意見は一致していない。

∽∽∽∽∽∽∽∽∽∽∽∽∽∽∽∽∽∽∽∽∽∽∽∽∽∽∽∽∽∽∽∽∽∽

しかも国民は，憲法自身に不満があるときにも，憲法の改正に最終的判断を下すことができる。

　憲法は，この憲法の改正には，各議院の総議員の3分の2以上の賛成で国会が発議し，国民に提案してその承認を経ることを要すると規定し（憲96条），国民投票における過半数の賛成があれば，憲法を改正しうることを明らかにしている。憲法は国の統治の基本を定めているので，そう簡単に改正されるというのも問題であるが，だからといって改正を否定するわけにはいかない。そこで日本国憲法は，通常の法律のように国会だけで制定できるというのではなく，国民の承認を要求することで，厳しい条件を付*しつつも，改正の余地を認めているのである（それゆえ，この憲法を改正する権限は，しばしば「制度化された憲法制定権力」とも呼ばれている）。

　Jの生命維持装置の取り外しが認められるべきだと考えるJの母親は，憲法改正を国民に訴えることもできる。たとえば国会が唯一の立法機関とされているため，たとえ一定の問題について国民投票で決着をつけるべきだとしても，国民投票制度は憲法上許されないと考えられている（⇒*Column*⑭国民投票の可能性）。したがって，もし生命維持装置の取り外しや安楽死について国民投票で決着をつけるべきだと考えるなら，憲法を改正するほかない。

　ただ，最終的に決めるのは国民だといっても，国民はどのようにでも憲法を改正できるわけではない。一般には，憲法の基本原

＊**国会の発議の要件**　　しかも通常は過半数の賛成で法律は可決成立するし，両議院で意見が分かれた場合には衆議院の優越が認められているが，憲法改正の場合には，各議院の総議員の3分の2の賛成が必要であるし，衆議院の優越は認められていない。

理，とりわけ国民主権原理そのものを変更するような改正はできないと考えられている。憲法改正には限界があるというのである。

また，憲法改正には国会の各議院で総議員の3分の2以上の賛成を必要とすることから，Jのケースでは憲法改正はあまり意味のある選択肢とはいえまい（→*Column*⑮憲法改正）。

しかし，いずれにしても，憲法が改正されない限り，憲法が最高法規である。国会に立法権があり，国会がもし法律で生命維持装置の取り外しは認められないと定めているのであれば，国会を動かして法律を改正できなければ，生命維持装置の取り外しは認められない。

では，それでおしまいであろうか。そうではない。最後に残されるのが，「基本的人権」である。

　国民は，直接政治参加して国政を決定できるのであろうか。すでにみたように，憲法は，政治権力は代表者が行使するという原則にたっている。憲法自身，憲法の改正の場合（憲96条）と，1つの地方公共団体にだけ適用される法律については，国民の直接的な政治参加を求めている（憲95条。これ以外に，最高裁判所の裁判官の国民投票〔憲79条2項〕もこれに加える見解も有力である）。しかし，それ以外の場合に，国民の直接的な政治参加が認められるかどうかは，実は憲法の国民主権原理の理解の違いによって異なる。

　国民主権原理のもと，国民こそが政治の実権をもっているはずだという理解にたてば，国民が直接政治参加することは可能だし，むしろ望ましいということになる。国民投票などによって，重要な事項に国民が直接判断を下すことは当然とされよう。これに対し，国民主権原理は権力の正当性の源泉が国民にあることを示すにとどまり，政治権力の行使は代表者にゆだねられているとの理解によれば，国民が直接政治の場に登場すべきなのは，憲法上明記されている場合に限られるべきだとされる。この理解では，重要な事項について国民の意向を尋ねる諮問型の国民投票は別にして（最終的な判断権は国会に残されている），国会を拘束するような国民投票は許されないことになる。

　死をめぐる問題のような重要な事柄は国民投票で決めるべきだという意見もあるが，現在支配的なのは後者の考えである。ただし，地方の政治のレベルでは，住民投票を認める見解が支配的であり，原子力発電所，産業廃棄物処理の問題など，このところ住民投票によって決着をつけようとするところが増えてきている。

Column ⑮　憲法改正 ～～～～～～～～～～～～～～～～～～～～～～～

　日本国憲法については，戦後占領下で制定され，しかもその草案が総司令部によって渡され，総司令部は細部についての修正は認めつつ，根本的な原理についての修正を認めなかったことなどから，押し付けられた憲法だとし自主的な憲法の制定を求める声がずっとあった。また最近は，制定後70年以上たつのに一度も改正されていないことから，日本国憲法は時代遅れになっているのではないかとして，改正を求める声も少なくない。与党自由民主党も日本国憲法改正案を公表しており，安倍晋三首相はとりわけ憲法改正に前向きである。しかも，このところ憲法改正がきわめて難しいことからまず憲法改正規定を改正し，もっと簡単に憲法を改正できるようにしようとしている。

　日本国憲法が占領下で，しかも総司令部の主導的な形で制定されたことは，日本が敗戦し，民主的で平和的な政府を樹立することを受け入れたことの必然的な結果であり，しかも日本国憲法の内容については日本側にかなり修正の余地もあり，審議も相当な長期にわたっていることからみても単純に押し付けられたとはいえまい。しかも総司令部は憲法制定後，憲法を再検討する機会を日本側に与えたが，日本側はこれを断っている。日本国憲法の正当性を否定することは難しいであろう。

　また，憲法は本来長期にわたっての運用に耐えうるように意図的に抽象的で原理的な規定となっている。したがってほとんどの問題は，憲法の解釈によって処理しうるものであり，憲法の改正とは，どうしても憲法の条文を変更しなければならないような場合にのみ問題となりうる。70年以上経過して一度も憲法が改正されていないのは事実であるが，はたして条文を改正する必要が本当にあるのかどうかは慎重に検討する必要があろう。

　安倍首相は，2021年9月の任期満了前の憲法改正に意欲を示しており，その焦点は，9条をそのままにして，新たに9条の2を追加し，「前条の規定は，わが国の平和と独立を守り，国及び

国民の安全を保つために必要な自衛の措置をとることを妨げず，そのための自衛措置として……自衛隊を保持する」と付加する点にあるが，ぜひそれぞれ憲法改正の必要性が本当にあるのか真剣に考えていただきたい。

〰〰〰〰〰〰〰〰〰〰〰〰〰〰〰〰〰〰〰〰〰〰〰〰〰〰〰〰〰〰〰

Focus ④　司法審査

　国会が生命維持装置の取り外しを認めていないとしたら，Ｊの母親は，裁判所に救いを求めることはできないのであろうか。司法審査制度と呼ばれる仕組みをみてみよう。

① 司法審査権とはどんな権限か

① 司法審査制度とはどんな制度か　　すでにみたように，憲法81 条は，最高裁判所にすべての法律，命令，規則または処分が適合するかしないかを決定する権限を付与している。これを司法審査権という（違憲立法審査権とか，法令違憲審査権とか，憲法裁判権とかいう言葉を使う人もいる）。

　このような制度をはじめに樹立したのはアメリカである。合衆国憲法にこのような制度を明記した規定は存在しなかったが，合衆国最高裁判所は，1803 年のマーベリー対マディソン事件において，最高裁判所に法律が憲法に適合するかどうかを判断する権限があることを宣言した。

　このことは非常に重要な意味をもっていた。というのは，それまで権力をめぐる争いは国王の権力に制限をおくことを主眼としていて，国民の代表である議会の権力に制限をおこうという考え方は支配的ではなかった。ところが，この司法審査制度の樹立に

より，憲法は議会をも拘束する法であることが明らかにされ，憲法は裁判所によって執行される「裁判規範」となったのである。

ただ，アメリカではこのような司法審査制度がすでに200年前に樹立されたが，大陸諸国では同じような制度は導入されなかった。ところが第二次世界大戦後，ドイツでナチスが議会を通し全権を掌握し，国民の拍手と喝采による支持で独裁を正当化させた経験に照らし，議会をも裁判所で統制する必要性があるという考え方が有力になってきた。そこでドイツは，戦後制定された基本法のなかで連邦憲法裁判所という組織をつくり，そこに議会を統制する権限を与えた。

そして現在では，このように裁判所によって議会を統制しようとする考え方をとる国が，多くなっている。

② **司法審査権はどのような性質の権限か**　このように日本国憲法が司法審査制度を導入した結果，国会の制定した法律でも，国民は，それが憲法に適合していないと思えば，裁判所で争うことができることとなった。Ｊの母親も，生命維持装置の取り外しが認められていないことを憲法違反だと考えれば，裁判所で争うことができる。

ただ，この司法審査権の性質については，考え方に対立がある。そしてそれをどのように考えるかによって，Ｊの母親が生命維持装置の取り外しの禁止をどのように裁判所で争いうるのかについて，異なった結論が導かれる。

アメリカでは，最高裁判所だけでなく，すべての司法裁判所は司法審査権を行使することができる。そのかわり，裁判所は，司法権を行使する際に，司法権の行使に付随してのみ司法審査権を行使することができる。したがって，裁判所が司法権を行使する

ことができる要件が欠けている場合，裁判所は司法審査権を行使できない。このことは，後で述べるように，具体的な法的紛争（つまり事件）がなければ，裁判所は法律の合憲性について判断を下すことができないことを意味する（付随的違憲審査制度と呼ばれる）。

これに対しドイツでは，法律の合憲性について判断を下すことができるのは連邦憲法裁判所だけである。そのかわり，法律が制定されれば，具体的な法的紛争が生じていなくても，提訴権者は連邦憲法裁判所に法律の合憲性について審査するよう提訴することができる（憲法裁判所制度と呼ばれる）。

問題は，日本の司法審査権がそのどちらかである。最高裁判所は，憲法81条はアメリカの裁判所がもっている司法審査権を明文で確認したものだと理解している（警察予備隊違憲訴訟＝最大判1952〔昭和27〕・10・8民集6巻9号783頁）。それゆえ，裁判所は，司法審査権を司法権行使に付随して当然行使できるが，逆に司法権行使に付随してでなければ行使できないことになる。

したがって，たとえば生命維持装置の取り外しの禁止が憲法に反すると考えても，だれでもいきなり最高裁判所にその禁止の違憲確認（ないし違憲の宣言）を求める訴えを起こすことができるわけではない。

② 憲法訴訟はどのように争われるのか

①　事件がなければ裁判所は司法権を行使できない　　では，ある法律の違憲性を裁判所で争いたいと考えたとき，どのような要件をクリアしなければならないのであろうか。

日本の司法審査制が付随的違憲審査制度である以上，裁判所で

法律の合憲性を争うためには，まずは，裁判所に司法権を行使して裁判をしてもらえるような事件がなくてはならない。

裁判所が司法権を行使する要件のことを，事件・争訟性の要件という。つまり，2人の当事者の間に現実の紛争が存在し，両当事者が対立していて，裁判所がその紛争に法を適用して終局的に解決することができるような状況でない限り，裁判所はそもそも司法権を行使することはできない。これがなかなかややこしい。

まず裁判所が扱うことができるのは，法的紛争に限られる。学問上，芸術上，宗教上の紛争など，裁判所が法を適用して解決できないような紛争は受け付けてもらえない。

紛争は，現実のものでなければならない。将来いつか生じるかもしれないような仮想的な事件ではだめである。これを紛争の「成熟性」という。

両当事者が対立していなければならない。なれ合いの訴訟などは，当事者が真剣に主張立証を尽くさない危険性があり，裁判所はそのような訴訟では判断を下さない。

訴訟を提起するには，当事者に訴えの利益がなければならない。つまり，訴訟の結果に一定の利害関係をもっていなければ，訴訟をまじめにしないかもしれないので，裁判所は訴訟を受け付けないのである。これはしばしば「原告適格」の要件とも呼ばれ，日本では，行政の行為を争う場合には，原告に処分の取消しを求める「法律上の利益」がなければならないとされている（⇒行政事件訴訟法9条1項）。

しかもこれらの要件は，訴訟提起の時点だけでなく，判決にいたるすべての時点で満たされていなければならない。いずれかの要件を欠くようになれば，訴訟はムート（架空上のもの）になっ

たとして斥けられる。

② **憲法訴訟はどのように進められるか**　具体的に，Jの母親が憲法違反として争いたいと考えたとき，どのような訴訟が可能であろうか。

法律の合憲性が問題となる最も典型的な事例は刑事事件である。ある法律に違反して起訴された人が，裁判の場で，この法律は憲法に違反し無効だと主張するものである。Jの母親が，Jの生命維持装置をみずから取り外したり，医師に依頼して生命維持装置を取り外させたとして殺人罪で起訴されたなら，Jの母親は裁判で処罰は憲法違反だと主張できる。

これに対し，国民の側から法律の合憲性を争うためには，民事訴訟および行政訴訟をもちいなければならない。前者の典型例は国家賠償訴訟（国家賠償法1条）であり，国の憲法違反の行為によって損害を受けたとして賠償を求める訴訟である。後者は行政機関の行為の取消しを求める行政訴訟として提起される。この場合，先に述べた事件・争訟性の要件をクリアしなければならない。Jの母親のケースでは，生命維持装置の取り外しを認めていないことを理由に国家賠償を求めるとか，生命維持装置の取り外しを認める法案を提出する義務が内閣にあると主張して確認を求めるなどの可能性がある。ただ，裁判所はこのような訴訟にきわめて消極的な姿勢を示している。

次に，司法権行使の要件を満たす事件があったとしても，憲法問題を争うためには，裁判所で，法律を違憲だと主張しなければならない。憲法問題を提起しなければならないわけである。ただ，当事者はどんな違憲の主張でもすることができるわけではない。当事者は原則として自分の権利利益の侵害を主張できるのみであ

り，第三者の権利利益を侵害するから違憲だと主張することはできない（ただし，一定の例外的な場合には，およそその法律が違憲無効であるという主張，つまり文面上無効の主張も許される）。

当事者が違憲の主張をしても，裁判所は必ず憲法判断しなければならないわけではない。たとえば，Jの母親が起訴されて処罰は憲法に違反すると争っていても，Jの母親の行為について違法性が阻却されるとか責任を問うことはできないと判断すれば，憲法上の論点に触れる必要はない（憲法判断回避の原則と呼ばれる）。

当事者は原則として自分の権利利益の侵害の違憲性のみを主張できるのであるから，法律の合憲性は，原則として，当該具体的事件に適用される限りで問題とされる。法律の文面上の合憲性が問題とされるのは例外である。

裁判所がある法律を違憲と判断したときも，その効力は原則として当該事件のみにしか及ばない。法律自体を廃止する効果はもたない（ただし，裁判所がある法律を違憲と判断した以上，国会や内閣などはそれを重くみる必要がある。しかも，裁判所が法律を文面上違憲と判断すれば，それは裁判所としてその法律を認めないという趣旨と考えられる）。

また，裁判所がある法律を違憲と判断すると，原則としてその法律は制定当初から無効であったとみなされる。通常，これで当事者の救済がはかられる（ただし，これでは当事者の救済が十分でない場合がある。そこで，最近では，一定の期間を設定して法律をその時点から違憲とする将来効判決など，さまざまな救済方法が模索されている）。

Jの母親のケースも，こういうプロセスをたどることになる。

3 裁判所にふさわしい役割とは

このように司法審査制度は，裁判所を通して憲法を国会に執行する制度であり，これによって国会が憲法を踏み越えないように確保することができる。しかし，憲法は，国民主権原理にたち，国政は国民が選挙で選出した国民の代表（つまり国会）によって決定されるべきだとする民主主義原理に立脚している。ところが，裁判所がその国会の制定した法律を違憲だとするとき，この民主主義原理は制約を受けることになる。

これは憲法を制定し，国会を通して行使される国民の権限に制約をおいた以上当然のことともいえる。しかし，憲法の意味は明確ではない。かつては憲法の意味は一義的に決まっていて裁判所はその意味を客観的に発見するだけだと考えられていたが，現在では憲法の解釈は，裁判官個人の主観的な価値判断を含むものだと認められている。そうだとすれば，法律を違憲としたとき，なぜそんなことがいえるのかと尋ねられて，裁判所は，「憲法にそう書いてあるからだ」と応じることはできない。そうだとすれば，民主主義原理に照らし，裁判所の憲法解釈・司法審査権行使には限界があるべきだと思われる（実は，裁判所の役割は侵害されたとされる基本的人権の種類に応じて異なるというのは，そのような考え方にもとづいている）。

Ｊの母親が裁判で生命維持装置の取り外しの禁止の違憲性を争いたいと考えたとき，当然，それは，これから述べるＪの基本的人権の侵害という主張になる。この訴訟は，必ずこの裁判所の司法審査権行使の限界の問題を提起する。はたしてこれは個人の権利の問題なのか，それとも国会が決定すべき問題なのか，たとえ

権利だとしても，国会の判断を尊重し最終的には国民の判断にゆだねるべき問題なのか，それとも国会の判断にもかかわらず裁判所が擁護しなければならない事柄なのかが問題とされざるをえないのである。

　人々の間に紛争が起きると，最終的に裁判で解決されることになります。これも近代法が考え出した1つのデバイスです。

　もちろん紛争が起きたときに当事者間で合意ができたり，あらかじめどのように紛争が解決されるべきか合意があれば，それで大丈夫です。これは契約によって紛争を解決する手法です。

　これでうまく解決できないとき，昔は，紛争が起きたときに，神のお告げをいただいて解決するとか，どちらに神のご加護があるのかを探って解決してきました。しかし，やがて法の発展に伴って，裁判所が両当事者の言い分を聞いたうえで法を適用して解決するという方法がとられるようになったのです。その代わり，裁判に訴えずに，実力で紛争を解決することは禁止されます。

　これが受け入れられるためには，裁判が人々に公正な紛争解決方法だと信じてもらえる必要があります。そのため，裁判は，両当事者が理を尽くして主張立証を行い，そのうえで，独立性を保障された裁判官が法を適用して，紛争を解決することが求められました。しかも，どちらの言い分が正しいのかを判断するため，他の市民の判断を求める制度が形成されました。それが陪審制です。

　このような裁判は法システムに不可欠な役割を果たしています。でも，社会に生じる紛争のすべてが裁判による解決に適しているわけではありません。たとえば，誰がいちばんきれいかとかといった紛争のように法的な解決になじまない紛争は，裁判にはなじみません。また，関係する当事者が複数で，紛争が網の目のようにからみ合っている場合も，裁判になじまないかもしれません。そのような紛争は，むしろ交渉とか，投票などの多数決によってしか解決されないかもしれません。裁判にも限界があるのです。

第7章

多数者でも侵害することの できない権利

憲法 基本的人権の基礎

> みんなが守らなくてはならないルールを定めるのが国会だとして
> も，その国会によっても，つまり国民の多数者によっても決定す
> ることのできないこともあるのではないか。どのように死を迎え
> るか，これこそ個人が誰にも口出しされることなく自由に決定で
> きることではないのであろうか。本章では，憲法のなかの「基本
> 的人権」と呼ばれる分野について考える。

1 「基本的人権」という考え方

《Jの命のことである。どうしてJ本人に決めさせてもらえない
のだろうか。世の中には，みんなでルールを作って決めるのでは
なく，個人が自由に決定すべき事柄があるのではなかろうか。》

どうして自分で決めさ
せてもらえないのか

　　　　　国会が生命維持装置の取り外しを許して
　　　　　いないとすると，Jはいつまでも生命維
　　　　　持装置をつけたまま植物状態で生きなけ
ればならないのであろうか。

　実は，そうとは限らない。世の中には，国会によっても，つま
り国民の多数者によっても決められないことがある。それが基本
的人権と呼ばれるものである。ある事柄が基本的人権として認め

られれば，その基本的人権をもつ個人は，多数者に口出しされることなく，自由に人権を行使することができる。

こういった基本的人権という考え方も，欧米諸国の長い歴史のなかで形成されてきたものである。昔は，国王は絶対的な権力をもっていた。国王は，恣意的にその臣下から生命や，自由や，財産を剝奪することができた。ところが，しだいに，国王によっても恣意的に剝奪することができない権利を，臣下が国王に確認させるようになった（1215年のイギリスのマグナ・カルタはその典型である）。そして，この臣下のもっていた権利がやがてすべての国民の権利とみられるようになる（イギリスの権利章典など）。

国王がいない共和制では，国民主権が採択され，国政は国民の意思にもとづき行われるようになる。国民の多数者の意思が，選挙を通じて，議会に反映され，この議会で国民の代表者である議員によって立法という形で表明されることになる。立法は，建前のうえでは，国民の多数者の意思である。このシステムのもとでは，国民みずから議会の制定する法律に同意しているとの擬制が成立する。国民は，みずから統治を行っているのであるから（自己統治という），国民の自由は十分保護されうるようにも思われる。

しかし，議会の決定が全員一致で行われるわけではない。とすれば，多数者が，多数者であることを理由に少数者の利益を組織的に排除する危険性がある。多数者と少数者が互換的であり，つまり多数者と少数者が交代する可能性が現実にあり，多数者であってもしてはならないことが歴史の積み重ねのなかで認められてきた国（たとえば，イギリス）では，それでも政治が多数者の恣意に対する制約となる。権利の保護を，議会に，それゆえ政治にゆだねておいても，権利はかなりの程度確保されうる。

しかし，そのような積み重ねを欠くところや，この多数者への制約を文書で確認すべきだと考えられた国（たとえばアメリカなど）では，この権利を憲法という形で宣言する方法がとられるようになった。そこで，多くの国は，憲法のなかに，国民の権利を宣言した権利章典規定をもつようになった。

憲法は基本的人権を
保障している

日本国憲法は，このような考え方を認め，国民に一定の権利を「基本的人権」として保障している。

日本国憲法は，その第3章で「国民の権利及び義務」と題し，「国民は，すべての基本的人権の享有を妨げられない。この憲法が国民に保障する基本的人権は，侵すことのできない永久の権利として，現在及び将来の国民に与へられる」（11条）とし，「すべて国民は，個人として尊重される。生命，自由及び幸福追求に対する国民の権利については，公共の福祉に反しない限り，立法その他の国政の上で，最大の尊重を必要とする」という（13条）。

さらに日本国憲法は，第10章「最高法規」の章でも，「この憲法が日本国民に保障する基本的人権は，人類の多年にわたる自由獲得の成果であつて，これらの権利は，過去幾多の試練に堪へ，現在及び将来の国民に対し，侵すことのできない永久の権利として信託されたものである」（97条）と宣言している。このことは，一般に，憲法の最高法規性（⇒187頁）の実質的根拠がこの基本的人権にあることを示したものと解されている。

＊国民の権利保持義務　信託されたものであるから国民は基本的人権を勝手に放棄することはできない。憲法12条が，「この憲法が国民に保障する自由及び権利は，国民の不断の努力によつて，これを保持しなければならない」としているのはこのことを示している。もっともこれは道徳的義務にとどまる。

このような基本的人権は，いまでは国際社会でも認められている。国際連合は，1948年世界人権宣言を採択して，「すべての人間は，生まれながらにして自由であり，かつ，尊厳と権利とについて平等である」としてさまざまな権利を宣言した（1条）。

そして，これにもとづき，社会的，経済的及び文化的権利に関する国際規約，市民的及び政治的権利に関する国際規約の国際人権規約が世界の国々によって受け入れられている。さらに，児童の権利に関する条約，女子に対するあらゆる形態の差別の撤廃に関する条約（女子差別撤廃条約），あらゆる形態の人種差別の撤廃に関する国際条約（人種差別撤廃条約）など，個々の領域でも条約によって権利が保障されるに至っている。

これらの条約はいずれも日本が批准*したもので，日本にも適用される。条約の国内法的な効力については争いがあるが，特別な法律上の措置なくそのまま効力をもちうる条約（自動執行的な条約と呼ばれる）はそのまま国内的効力をもち，そうでない場合は別個国内法的な法律的措置が必要だと考えられており，国際的人権そのものは，基本的には国内的にそのまま効力をもつものと考えられる。

ただ，実際には国際的人権のほとんどは日本国憲法に保障されている基本的人権を超えるものではなく，国内で国際的人権に訴える実際上の意義はそれほど大きくはない。また，憲法と条約の効力の優劣については争いがあるが，一般には国内法的には憲法

---

*批准　憲法によれば，条約は内閣が締結するが，正式に効力を発するための手続として「批准」という行為が行われる。なお，条約の締結には国会の承認が必要である。

が条約に優位すると考えられているので，憲法に反するような条約は締結できないし，条約のなかで憲法に反する部分は無効である（たとえば，人種差別撤廃条約は差別的表現の禁止を求めているが，この部分は憲法21条の保障する表現の自由を侵害するおそれをもっている。そのため日本は，条約を批准する際に，この部分についてだけ受け入れることを留保した）。

基本的人権とはどんな意味か
このようにして憲法によって保障されている基本的人権は，一般に人が生まれながらにしてもっている権利だと考えられている。生来の権利だといってもよい。

　これらの権利は，憲法によってはじめて保障されたものではなく，人が生まれながらにしてもっているものであり，憲法はそれを確認したものにすぎない。その意味で，これらの基本的人権は自然権と考えられている。したがって，この理解によれば，基本的人権と人権は同じことを指す。

　このような基本的人権は，人が人であるというだけですべての人が享受する権利だと考えられている。*

　ただ一般には，人権は，国や地方公共団体などだけでなく，他の私人からも保護されるべき権利だという捉え方が少なくないようであるが，憲法的にいうと，憲法の保障している基本的人権はあくまで国や地方公共団体など公権力からしか保護されていない。したがって憲法の保障する基本的人権は，私人と私人の関係には

＊法人の人権　　ただし，個々の自然人である人間だけでなく，これらの人間の集合体である団体，いわゆる法人でも，基本的人権の性質の許す限りで人権の享有を妨げられないと考えられているので，自然人だけでなく団体も人権を享有していることになる。

直接適用されない。私人相互間では，私的自治の原則ないし契約自由の原則が妥当し，当事者間の合意で自由に取り決めを行うことができる。

ただ，それでは私人相互間では何でも許されることになりかねない。私人相互間の関係は本来民法の問題であるが，もちろん国会が法律で私人の行為でも行ってはならない行為を禁止すれば，そのような行為は許されないことになる（⇒120-121頁）。また民法の基礎をなすような大原則に照らし，公序良俗に反するような法律行為は無効であるし（民90条），他人の権利を違法に侵害すれば不法行為となる（民709条）。そこで私人間でも，憲法の保障している人権の趣旨をくんで，民法上一定の範囲で人権を保護していくべきだという考え方が有力に主張されている（このような考え方は，憲法の人権を私人に直接適用する見解を直接効力説と呼ぶこととの対比で，間接効力説と呼ばれている）。

たとえば，憲法は14条で平等権を保障している。したがって，国や地方公共団体が，公務員試験の受験資格を男性に限定するなど性別にもとづいて差別すれば，それは平等権の侵害となる。しかし，企業が採用試験で同じことをしても，憲法で保障された基本的人権である平等権を侵害したことにはならない。そして従来はこのような差別を禁止する法律の規定はなかった。どのような人を採用するかは，企業が自由に決定できることであり，また働こうとしている人もどの企業で働くのか自由に決定できると考えられたからである。その結果，実際には，多くの企業で個人の能力とは関係のない性別が採用の基準として用いられ，男性のみの求人や昇進などにおいてさまざまな女性差別が行われてきた。しかし裁判所は，結婚退職制や女性にだけ若くして退職を求める制

度（女性若年退職制）などを，不合理な女性差別だとして，公序良俗に反し無効だとしてきた。そして現在では，男女雇用機会均等法（雇用の分野における男女の均等な機会及び待遇の確保等に関する法律）が採用についても女性に対して男性と均等な機会を与えることを義務づけている。私人と私人の間では，このようにして人権が保護されるのである（ただ，私人間における差別を包括的に禁止した人権保護法は制定されていない）。

基本的人権であれば，どうなるのか

もしJに憲法で保障された基本的人権があれば，憲法13条が宣言しているように，その基本的人権は最大限尊重されなければならない。憲法は，国会をも拘束する法である。すべての政府の機関は，それに拘束される。したがって，国会も，この基本的人権を侵害することは許されない。

もちろん，国民のもつ基本的人権といえども，絶対無制約のものではない。後述するように，基本的人権は「公共の福祉」に反しない限りで尊重されるべきものである。それゆえ，もしJにある基本的人権が認められるとしても，国会は「公共の福祉」のために必要であれば，それに制約を加えることができる（⇒ *Column* ⑯子どもの人権）。

ただ，憲法が基本的人権を保障している以上，国会が「公共の福祉」のために必要だと判断すればいかなる制約でも認められるとしてしまっては，意味はなくなってしまう。そこで憲法は，司法審査制度を樹立し，国会の判断が妥当かどうか，裁判所に審査させるメカニズムを採用している。基本的人権であれば，その制約が合憲かどうか，裁判所に審査してもらえるわけである。

Column⑯ 子どもの人権 ～～～～～～～～～～～～～～～～～～～～～～～

　憲法の保障する基本的人権は，すべての国民が享有する権利である。Jが，未成年者であっても，Jは基本的人権を享有している（ただし，選挙権などは別である）。

　ただ，未成年者の場合，成年者と異なり，判断能力が未成熟である。したがって，未成年者の判断を補うために保護者の責任が重要になる（たとえば，未成年者が契約をするためには保護者の同意が必要である）。しかも，場合によっては，個々の保護者に代わって，国や地方公共団体が未成年者保護の役割を担うこともある。その限りで，未成年者の享有する基本的人権には，成年者の場合よりも制約が広く認められることになる。そして，場合によっては，未成年者本人があることを希望しても，本人自身の利益のためにそれが許されないことがある。パターナリズム（後見主義・保護主義）にもとづく制約と呼ばれる。したがって，未成年者はたばこを吸うことが禁止され，お酒を飲むことも禁止されている。また各地方公共団体の青少年保護育成条例で，有害図書を読むことも制限される。

　しかし，いくら判断能力が未成熟だとはいっても，未成年者も1人の国民である。しかも，判断能力は，年齢とともに成熟していく。安易に人権の制約を認めることには疑問がある。

　とくに，この点は，公立学校の校則などとの関係で問題とされている。髪の毛の長さ，色，パーマの規制や，制服の着用の強制など，校則のなかには，子どもの自己決定権（⇒229-231頁）の侵害といわざるをえない事例が多いのではないかというのである。これらの校則は，たとえ自己決定権の侵害といえなくても，校則で定めることが許される範囲を超えていれば違法といわざるをえない場合があろう。

～～～～～～～～～～～～～～～～～～～～～～～～～～～～～～～～～～～

2 どのような権利が基本的人権か

《弁護士に相談したＪの母親は，弁護士の話に少し元気がわいてきた。もし生命維持装置を取り外すことがＪの基本的人権であれば，たとえ国会が決めたことであっても，憲法に反すると主張することができる。これこそが残された最後の頼みの綱ではないか。》

┌─────────────┐
│ どのような権利が保障 │
│ されているのか   │
└─────────────┘

日本国憲法はどのような権利を保障しているのであろうか。憲法の条文をみてみよう。

　一般に，憲法の保障している権利はいくつかに分類される。もちろん，どのように分類しなければならないか，決まりがあるわけではない。学説によって，微妙に違いはあるが，スタンダードな分類は，だいたい次のようなものである（⇒図7-1。それぞれの権利については，⇒*Focus* ⑤憲法上明文で保障されている諸権利）。

3 Ｊに死ぬ権利はあるのか

┌─────────────┐
│ 明文規定のない権利の │
│ 可能性   │
└─────────────┘

では，Ｊには生命維持装置の取り外しを求めるような基本的人権はあるであろうか。しかし憲法の条文をみたＪの母親は

がっかりしたことであろう。そこには，生命維持装置の取り外し

図7-1　基本的人権の分類

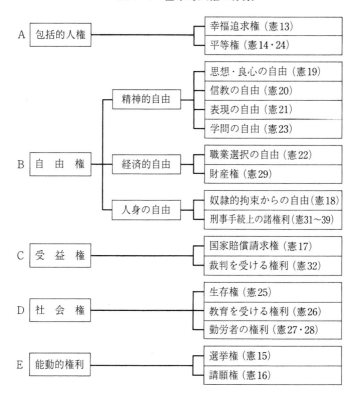

A　包括的人権 ── 幸福追求権（憲13）
　　　　　　　　　平等権（憲14・24）

B　自由権 ── 精神的自由 ── 思想・良心の自由（憲19）
　　　　　　　　　　　　　　信教の自由（憲20）
　　　　　　　　　　　　　　表現の自由（憲21）
　　　　　　　　　　　　　　学問の自由（憲23）
　　　　　　　経済的自由 ── 職業選択の自由（憲22）
　　　　　　　　　　　　　　財産権（憲29）
　　　　　　　人身の自由 ── 奴隷的拘束からの自由（憲18）
　　　　　　　　　　　　　　刑事手続上の諸権利（憲31〜39）

C　受益権 ── 国家賠償請求権（憲17）
　　　　　　　裁判を受ける権利（憲32）

D　社会権 ── 生存権（憲25）
　　　　　　　教育を受ける権利（憲26）
　　　　　　　勤労者の権利（憲27・28）

E　能動的権利 ── 選挙権（憲15）
　　　　　　　　　請願権（憲16）

を求める権利があるとはっきり書いてはいないからである。

　生命維持装置の取り外しは，実質的には死を意味する。それゆえ生命維持装置の取り外しを求める権利は，死ぬ権利と同じことになる。そして最近では，この死ぬ権利は，「自己決定権」と呼ばれる権利の一内容と主張されるようになっている。日本国憲法のなかには，たしかにこのような死ぬ権利や自己決定権を明記した規定は存在しない。しかし，だからといって，死ぬ権利や自己

決定権がないということにはならない。

　一般に，憲法が列挙しているものだけが基本的人権だと考えるべきではないと考えられている。というのは，憲法が列挙している人権は，歴史のなかで，列挙に値すると考えられてきたものに限られる。時代の変化のなかで，「新しい人権」の保護の必要性が認められるようになることがある。したがって，憲法は，列挙されてはいないが，一定の権利を基本的人権として認めていると考えられるからである。

　だが，そのような権利は，憲法のどこから導かれるのであろうか。最高裁判所は，憲法13条に着目した。そして，このように列挙されてはいないが，基本的人権として保護に値する権利は，「生命，自由及び幸福追求に対する国民の権利」，いわゆる「幸福追求権」のなかに含まれると考えた。これは学説の支配的な立場でもある。

　では，どのような権利が，基本的人権として保護を受けるのであろうか。

　最高裁判所は，これまでみだりに容ぼうなどの写真撮影をされない自由とみだりに指紋押捺を強制されない権利を憲法13条のもとで認めている。しかし，どのような権利が基本的人権として認められるのか，明確な基準を示してはいない。

　これに対し学説では，2つの立場が対立している。1つは，ありとあらゆる自由を基本的人権として認める立場である。一般的自由権説と呼ばれる。この立場では，何でも基本的人権である。憲法は，「一般的行動の自由」を保護しているともいわれる。

　もう1つの立場は，基本的人権といえるのは，あくまで人格的自律に不可欠なものに限られるという立場である。人格的自律権

説と呼ばれる。「人格的自律」というのは，人間を自己の人生を自律的に決定して生きることができる存在と捉え，そのような人間にとって不可欠な権利が「基本的人権」だとみる。要するにこの立場では，人間が人間であるゆえんを，人間の知性もしくは理性に求め，そのような人間存在の本質に不可欠な権利を基本的人権とみようとするのである。それゆえ，この立場では，何でもがすべて基本的人権とはいえないことになる。

　このいずれの立場に立つかによって，憲法が保障している基本的人権の範囲は，大きく異なることになる。この点は，とりわけここで問題となる「自己決定権」と呼ばれるような権利の場合に大きな違いをもたらす。具体的にみてみよう。

自己決定権

自己決定権とは，私事に関わる事柄を他人から干渉されることなく，自分自身で決定することができる権利をいう。プライバシーの権利と呼ばれる場合もある。「自律権」という表現もみられる。

　日本国憲法には，この自己決定権なるものを保障した規定はない。最高裁判所も，このような権利を正面から認めてはいない。自己決定権にあたると思われるような権利が主張されたとき，最高裁判所は，そのような権利が基本的人権かどうかはっきりさせることなく，その権利を制約することは公共の福祉に合致しているとか，禁止されている行為は公共の福祉に反しているとかいう理由で，結局違憲の主張を斥けてきたからである。

　それにもかかわらず，学説のうえでは，自己決定権は憲法上保護されると考えるべきだとの見解が支配的になってきている。この背景には，このような権利が諸外国，とりわけアメリカで憲法

上の権利と認められるようになってきたことがある。日本はもともと均質的な人間関係を重視する社会であって，ほかの人と異なることを避ける傾向があり，そのためさまざまな私生活への干渉が当然のように受け入れられてきた。しかし，時代の変化と人々の意識の変化に応じて，このような干渉が権利侵害と考えられるようになってきたのである。

ただ，どこまでの自由を自己決定権として認めるのかについては，先ほど述べた2つの考え方に応じて，立場が分かれている。

一般に，自己決定権は，次の4つに区別することができる。

第1は，リプロダクションに関わる自己決定権である。リプロダクションというのは，生殖ということであるが，要するに子孫を残すことについての自己決定権を指す。つまり子どもをつくる，つくらない（避妊する），妊娠する，妊娠中絶する，出産することに関して自分で決定できる権利である。

第2は，家族の形成・維持に関わる自己決定権である。これは結婚，離婚，家族の同居などについて自分で決定できる権利である。

第3が，生命・身体の処分に関する自己決定権で，自分の身体や生命を自分で決定できる権利である。Jの生命維持装置の取り外しを求める権利は，まさにここで問題となる。

そして第4が，ライフスタイルの自己決定権で，個人の外観，趣味，人生などについて，自分で決定できる権利をいう。これには，髪を伸ばす自由，髪を染める自由，パーマをかける自由，ひげを生やす自由，服装の自由，冬山登山の自由，サーフィンの自由，シートベルトをつけずに自動車を運転する自由，バイクに乗る自由，ヘルメットをつけずにバイクに乗る自由，同性愛，マリ

ファナを吸う自由，浜辺でヌードになる自由などなど，ありとあらゆることが含まれうる。

このうち，第1と第2については，これらが権利と認められるべきことは，憲法24条もあることであり，あまり異論はない。これに対しはたして権利といえるかどうか特に問題となっているのが，第4である。人格的自律権説の立場に立つ学説は，これらをすべて自己決定権と呼ぶことはできないという。バイクに乗る自由など，とても人格的自律に不可欠とはいえないというのである。これに対し一般的自由権説にたつ学説は，これらも自己決定権だと主張する。実際，ドイツでは公園で鳩にエサをやる自由や森で乗馬する自由も憲法の保護を受けているとされており，一般的自由権説にたつ学説はこれらの自由にも憲法上の保護の必要性があると主張しているのである。

生命・身体の処分に関する自己決定権と死ぬ権利

さて，このうちJについて問題となるのは，第3の生命・身体の処分に関する自己決定権である。

生命および身体は，疑いなく人の存在にとって不可欠である。それゆえ，自分の身体に他人が危害を加えることは，たとえ医療行為であっても，原則としてそのひとの同意に基づかなければならない。その意味で，医療行為にはインフォームド・コンセント（日本では「説明と同意」と訳されている）を得ることが必要である。

これに対し，生命や身体の処分に関する自己決定権を認めるということは，本人が同意すれば自分の生命・身体について何でも自由に処分できる権利を認めることになる。とすると，たとえば，本人さえ同意すれば，臓器の移植（生体移植）だけでなく売血や

臓器売買も認められるかもしれない。また，自殺，自殺の幇助の自由といったものが認められるうるかもしれない。だが，はたしてそのような自由が認められるかどうかについては，意見が分かれている。

では，Jには生命維持装置の取り外しを求める権利，つまり死ぬ権利があるのであろうか。

何でも自由だと考える立場，つまり一般的自由権説では，当然死ぬことも権利ではないかと思われるが，これは一般的行動の自由の問題ではなく一般的人格権の問題だと捉えられれば，それは人間の尊厳に不可分であり，やはり自己の命を破壊する自由は認められないことになる。これに対しあくまで人格的自律に不可欠な権利だけが，基本的人権と認められるべきだとする人格的自律権説の場合，若干微妙である。なぜなら，死は，人格的自律そのものを破壊するものだからである。もし人格的自律はあくまで人の生についてのものだとすれば，死ぬ権利までは保障されないことになろう。しかし，もし自己の死の選択も人格的自律の最後の選択だと考えれば，死ぬ権利も保護されなければならないことになる。

合衆国最高裁判所は，人が生命維持装置の取り外しを求める自由を持っていることを認める用意があるようである。交通事故で植物状態になった人の親が本人のかつてからの意思だとして生命維持装置の取り外しを求めたのに拒否されたクルーザン事件で，過半数の裁判官が生命維持装置の取り外しを求める権利を認める意見を述べているのである。

日本の最高裁判所は，まだこの点について判断を下してはいない。しかし，学説のうえでは，生命維持装置の取り外しを認める

立場が有力になりつつある。とすれば，Jには生命維持装置の取り外しを自分で決定する権利があることになる。

4 基本的人権であっても制約は受ける

《Jに死ぬ権利があっても，なお生命維持装置の取り外しが認められない可能性もあると弁護士はいう。Jの母親にはさらに越えなければならない壁がある。》

基本的人権であっても
制約は受ける

Jに死ぬ権利があっても，担当医師は母親からの申し出にもとづいて，Jから生命維持装置を取り外さなければならないわけではない。基本的人権は，多数者によってもみだりに侵害されえない権利ではあるが，絶対無制約の権利ではない。すべての基本的人権は，制約をまぬがれないのである。

たとえば，国民には憲法によって信教の自由が保障されているが，信教の自由の名のもと，サリンガスを地下鉄でばらまいて多くの死傷者を出しても良いとは考えられない。国民には表現の自由が保障されてはいるが，殺人やレイプを煽動し，これらの犯罪をもたらしてもかまわないとはいえない。

そこで最高裁判所は，憲法12条・13条に着目し，基本的人権も「公共の福祉」による制約をまぬがれないと判断してきた。

学説のなかには，基本的人権は個人の権利であるから，社会全体の利益を害する場合であっても尊重されるべきであり，公共の福祉を理由として制約を認めるのは妥当ではないとの批判もある。

しかし，この立場でも，基本的人権は無制限に認められるわけではない。他人の権利を侵害する場合には，基本的人権には「内在的制約」があり，制約も認められるというのである。

だが，これでは「公共の福祉」という言葉を使うかどうかの違いで，本質的な違いではない。そこで現在では，「公共の福祉」をすべての人権の制約根拠と認めつつ，それを基本的人権とそれに対立する制約利益（その基本的人権を制約することによって得られる利益）との調整原理と捉え，基本的人権ごとに具体的に許される制約の限界を考えていこうとする考え方が支持されている。つまり，人権の制約の合憲性は，制約はいかなる目的のためのものでその目的はどれほど重要なものか（目的の正当性と重要性），とられている手段がその目的を達成するためにどの程度ぴったり適合しているか（目的と手段の関連性）の双方を具体的に検討して判断しようとする立場である。

どのような制約であれば許されるのか

では，基本的人権を制約する法律が裁判所で違憲として争われた場合，裁判所は，それが許される制約なのかどうか，どのように審査すべきであろうか。

この点，一般に，憲法の保障している基本的人権のなかで，裁判所による手厚い保護に値する権利とそうでない権利があるという考え方がある。日本では，「二重の基準論」として知られている考え方である。

これは，もともと合衆国最高裁判所の判例で形成されてきた考え方で，それによれば，経済的自由の制約の場合には，立法府の判断が尊重されるべきで，法律には合憲性の推定が働き，それを

違憲だと主張する側がその違憲性を証明しなければならない。しかも，経済的自由を制約する法律は合理的であればよいから，正当で合理的な立法目的と手段が合理的に関連性をもっていれば，それでよいとされる。合理的である限り，とりこぼし（過小包摂と呼ばれる）や規制の行き過ぎ（過大包摂と呼ばれる）があっても，かまわない。つまり立法府の判断を尊重して口出しすべきでないというのである。緩やかな審査が行われる。

これに対し表現の自由は，民主政プロセスに不可欠な権利であるから，表現の自由の制約の場合には裁判所は立法府の判断を疑いの目でみるべきであって，合憲性の推定は働かない，あるいはむしろ違憲の推定が働くとまでいわれる。そして，表現の自由などの場合には，裁判所が手厚い保護を与えるのが妥当であり，たとえばやむにやまれないほど重要な政府利益を達成するために必要不可欠な制約だけが許されるという。立法目的が取るに足りないものであったり，重要ではあるがやむにやまれないほどのものでない場合には，制約は許されない。手段も，目的とぴったり接合されていなければならないから，とりこぼしや規制の行き過ぎが少しでもあると許されない。厳格な審査が行われる。

日本の最高裁判所も，経済的自由の制約に関する薬事法事件（最大判 1975〔昭和 50〕・4・30 民集 29 巻 4 号 572 頁）において，日本でもこのような考え方が妥当することを示唆している（ただし，現実には，最高裁判所は表現の自由を制約する法律を 1 度も厳格に審査したことも，実際に違憲と判断したこともない）。そして，支配的な学説はこの二重の基準論に従って考えるべきだとしている。

自己決定権の場合，この問題は少し複雑である。人格的自律権説に立つ学説は，自己決定権は人格的自律に不可欠な権利であるから，裁判所は厳格な審査をして手厚い保護を与えるべきだという。一般的自由権説に立つ学説は，自己決定権のなかに，人格的自律に不可欠なものとそうでないものを区別し，前者は手厚く保護されるべきであるが後者はそこそこの保護があればよいという。

死ぬ権利はどうであろうか。自己決定権の第３の類型については，そもそもこれを権利と認めるかどうかやや微妙な問題があるが，人格的自律権説も，一般的自由権説も，奇妙なことにこの死ぬ権利については，普通の自己決定権の場合と異なり，緩やかに制約を認める傾向がある。やはり生命は特別であり，原則として生命は保護されるべきだという立場に憲法は立っているとか，個人は，生命については完全に自由に処分することは許されないといった気持ちが働いているのであろう。

生命維持装置の取り外しの禁止は憲法違反か

では，具体的に生命維持装置の取り外しの禁止は，Ｊの死ぬ権利を侵害しないのであろうか。

もしＪに死ぬ権利があれば，生命維持装置の取り外しを求めることが憲法上認められるはずである。そのＪの権利を否定するだけの根拠はあるであろうか。Ｊの生命維持装置を取り外しても，誰か他の人の権利を侵害するということはありえない。死ぬ権利の制約をかなり緩やかに認める立場をとらない限り，国会が法律でそれを完全に否定していれば，その法律はＪの死ぬ権利の侵害

となるはずである。

　ただし，Ｊが生命維持装置の取り外しを求める権利をもっていたとしても，いま植物状態にあるＪが生命維持装置を取り外してほしいと申し出ることは不可能である。母親は，Ｊが健康であったとき，そのような希望をもっていたという理由で，Ｊの生命維持装置の取り外しを求めるであろう（Ｊが未成年者であれば，母親は法定代理人としてＪに代わって治療について同意をすることができる。しかしＪが成人であれば，母親は勝手にＪの治療について同意を与えることはできない。したがって，あくまで母親はＪの権利行使を補助することしかできない）。Ｊの場合は，たしかにそういう意図だったかもしれない。しかし，場合によっては，家族が本人の本当の意思に反して生命維持装置の取り外しを求めるかもしれない。またたとえＪが元気であったときに植物状態になってまで生きていたくはないといっていたとしても，事故のとき，あるいは植物状態となったいま，同じ意思かどうかも定かではない。

　そうだとすれば，たとえば国会は，本人の意思を明確にするため，植物状態になった場合の生命維持装置の拒否を書面で，署名捺印をもって明確にあらかじめ示しておかない限り，生命維持装置の取り外しを認めないといった措置をとるかもしれない。そのような場合，Ｊのようにその意思が書面で残されていないときには，Ｊの希望はかなえられなくなろう。

　このような制約が許されるかどうかは，死ぬ権利を自己決定権として基本的人権と認めた場合に，その権利の制約にどれだけ強い正当化根拠を求めるかにかかっている。死ぬ権利を人格的自律に不可欠な権利とみて，厳格審査を適用すれば，このような制度は，生命維持装置の取り外しを希望している個人から生命維持装

置の取り外しを拒否する結果を招く。これは許されまい。しかし，死ぬ権利は，自己決定権であっても特別だと考え，死がとりかえしのつかない最終的決定であることから慎重に本当の意思を確認することを求めるための合理的な措置であれば許されると考えれば，これは許される。

　合衆国最高裁判所は，クルーザン事件で後者の見解をとった。本人の意思が明確かつ納得のいく程度に証明されない限り生命維持装置の取り外しを認めていなかった州法を憲法違反とはいえないと判断したのである。日本でも，学説のうえでは，やはりやや緩やかに制約を認める立場が支配的である（⇒***Column*** ⑰安楽死の権利）。しかし，前者の見解もありえないではない。

《これなら，希望をもてるかもしれない。Jの母親は思った。もし裁判所が生命維持装置の取り外しを権利と認めてくれれば，何とかしてくれるのではないか。》

―――――
どのように訴訟で争う
のかに問題が
―――――

　ただ，たとえJには死ぬ権利があり，生命維持装置の取り外しの禁止が憲法違反だとしても，日本では，それをどのように訴訟で争うのかに問題が残されている。

　実は，アメリカであれば，Jの母親はJの死ぬ権利を主張して，病院に対して生命維持装置の取り外しを求める訴訟を裁判所に起こせる。有名なカレン事件*は，そのような事例である。もし法律がそれを禁止していれば，その法律の違憲確認（ないし宣言的判

―――――
　*カレン事件　　植物状態になった女性カレンの父親が人工呼吸器の撤去を求めて裁判所に訴えを起こした事件。裁判所はその主張を認めた。

生命維持装置を取り外した場合，やがて J は自然に死を迎えることになる。人工的な延命措置をとることなく自然に死を迎えることを，しばしば「尊厳死」という。これに対し，医師に積極的に生命をたってもらうことを「安楽死」という。日本では，いまなお安楽死は認められていない。末期ガンの患者などで余命いくばくもなく，大変な苦痛に苦しんでいる患者に対し，家族などの申し出で医師が薬物を投与し死をもたらせたような事例では，医師は殺人罪で起訴されている。そして，裁判所は，きわめて例外的に安楽死が許される場合があることを示唆しながらも，1度も安楽死を適法と判断したことはないのである（東海大学安楽死事件＝横浜地判 1995〔平成 8〕・3・28 判時 1530 号 28 頁）。

学説のうえでも，憲法上の自己決定権として安楽死の権利まで主張する声は少ない。憲法は，生きるということに特別な価値を認めているので，人は勝手に自分の命を終わらせることは認められないという考え方が支配的だといえよう。

アメリカでも，医師による自殺幇助を憲法上の権利として主張し，自殺幇助禁止を憲法違反と争った事例があるが，合衆国最高裁判所は，生命維持装置の取り外しと医師が生命をたつことは異なるとして，そこまでの権利を認めなかった。しかし，オレゴン州では，医師による自殺幇助を認める憲法改正が州民投票で可決され，現在では，医師による自殺幇助が州法上認められている。他の諸外国でも，オランダのように，医師によって薬物注射をしてもらう安楽死を認めているところもある。カナダでも，安楽死を含め，医師の補助により死ぬことを認めないことが最高裁判所で違憲と判断され，法改正によりこれが合法化された。

自己決定権とみるか，憲法 13 条の生命の権利とみるかはともかく，自己の生命をたつ自由も認めるべきときかもしれない。

∿∿

決）と執行の差止めを求める訴訟を裁判所に起こすこともできる。クルーザン事件はこのような事例であった。

しかし，日本では，これは難しい。日本では，法律が適用されるに先立って，その法律の適用の違憲性を争って訴訟を起こすことはできないと考えられているためである。

そのため，日本では，Jに死ぬ権利があったとしても，生命維持装置の取り外しの合法性を確認してほしいとか，それを殺人罪で処罰することは憲法に反することを確認してほしいと裁判所に訴えても，裁判所がとりあってくれない可能性が高い。そうだとすると，生命維持装置の取り外しに医師は躊躇するであろう。

結局のところ，思いあまったJの母親がみずからJの生命維持装置を取り外し，殺人罪で起訴されない限り，Jの権利侵害を理由に争うことは難しそうである。しかもこのようなケースで裁判所がJの母親を救ってくれる可能性はきわめて少ないのが現実である。

残念ながら，日本では，人権があっても，それが裁判のなかで確保される手続が欠けているのである。

母親に残された手段は　　もしJに生命維持装置の取り外しを求める権利が認められなかったら，あるいは権利は認められても裁判でそれをあらかじめ確認する途が困難だとすると，母親はどうすればよいのであろうか。

いちばん現実的なのは，生命維持装置の取り外しを許してくれる医師をみつけ，転院し，そこで生命維持装置を取り外してもらうことである。たしかに生命維持装置の取り外しで医師の刑事責任が問われる可能性はないではない。しかし，現状はあいまいで

ある。家族が生命維持装置の取り外しを希望している状況では，医師が生命維持装置を取り外して実際に逮捕され起訴される可能性は薄い。そうであれば，生命維持装置の取り外しを許してくれる医師や病院もみつけられるであろう。そうすれば，Jはそっと永い眠りにつくことができる。

　もし母親がそれを希望しなければ，母親は，国会に生命維持装置の取り外しを認める法律を制定してもらうしかない。法律があれば，医師は，堂々と生命維持装置を取り外してくれるであろう。

　では，国会にそのような法律を制定してもらうには，どうすればよいのであろうか。母親に残されたのは，憲法で保障された基本的人権を行使することである。母親とすれば，Jの置かれている状況を国民に訴え，生命維持装置の取り外しの合法化を国会に求める運動をするほかない。表現の自由を行使して，街頭でビラを配布し，署名を求め，結社の自由を行使して思いをともにする人と集まって一緒に活動し，選挙権を行使して，主張に共感してくれる国会議員に投票するのである。

　もちろん，ひとりの力でできることには限りがある。国会が直ちに動いてくれるとは考えられない。大変な努力と時間を要する。しかし，誰かが動かなければ，何も変わらないのも事実である。

　憲法は，手間暇がかかるが，国民1人ひとりがこのようにして社会と政治を変革していくことを期待しているのである。だからこそ，政治を最終的に決定するのは国民なのである。

いったい憲法で保障されている基本的人権にはどのような権利があるのであろうか。われわれの日常の生活にどのように関係しているのであろうか。Jとその母親を通して考えてみよう。

① 包括的人権

① **幸福追求権**　憲法 13 条が保障する生命，自由及び幸福追求の権利は，一般にまとめて「幸福追求権」と呼ばれる。これは，個々の基本的人権によってカバーされない人権，つまり明文根拠を欠く基本的人権の条文根拠となる。

すでにみたように最高裁判所も，この幸福追求権のなかに，みだりに容ぼうの写真を撮られない自由やみだりに指紋押捺を強制されない自由を承認しているが，どのような権利がこれに含まれるのか定かではない。そして，この幸福追求権がありとあらゆる自由，一般的自由権ないし一般的行動の自由を含むのか，それとも人格的自律に不可欠なものしか含まないのか，学説は分かれている。

両説が共通して認めているのは，生命の自由，身体の自由（身体を傷つけられない自由および身体を拘束されない自由），名誉権，プライバシーの権利，手続的デュー・プロセスの権利などである。自己決定権については，両説に応じて認められる範囲に違いがある。Jの死ぬ権利をどう考えるかは，その典型である。このほか，環境を享受する環境権とか平和のうちに生存する権利（平和的生存権）が主張されているが，これらは権利とはいえないのではないかとの声もある。

② **平等権**　次に，憲法 14 条は，法の下の平等を保障している。

　平等権は，人と人の間における不合理な差別を禁止したものであり，逆にいえば，合理的な異なった取扱いであれば憲法に反しない。憲法は，差別されない事由として，人種，信条，性別，社会的身分または門地をあげているが，これ以外の事由による差別も不合理であればすべて憲法に違反する。

　最高裁判所は，これら列挙されている事由に何ら特別な意味をみいださず，平等権侵害が争われたほとんどの事例で，異なった扱いを合理的とする判断を示している。例外は，刑法 200 条（1995 年削除）の尊属殺に対し重罰を科した規定であり，これについては最高裁判所は，不合理だとして違憲としている（最大判 1973〔昭和 48〕・4・4 刑集 27 巻 3 号 265 頁）。また，国籍法にあった日本人の父親と外国人の母親から産まれた婚姻外の子どもの国籍に対する差別規定についても，出生後は父親と母親が結婚しないと日本の国籍が付与されないことを違憲としている（最大判 2008〔平成 20〕・6・4 判時 2002 号 3 頁）。さらに遺産相続において婚姻外で生まれた非嫡出子の相続分を嫡出子の相続分の半分とした民法の規定における非嫡出子差別が不合理と判断されている（最大決 2013〔平成 25〕・9・4 民集 67 巻 6 号 1320 頁）。また，離婚後，女性についてだけ再婚が 6 ヶ月間禁止されていたが，これも長すぎるとして違憲とされている（最大判 2015〔平成 27〕・12・16 民集 69 巻 8 号 2427 頁）。

　これに対し学説のうえでは，これら列挙事由は歴史的にみて不合理な差別事由とされてきたものであり，それゆえこれらの事由による差別は原則として不合理と推定し，政府の側でそれが合理的と証明できない限り違憲とされるべきだという見解が支配的と

なっている。これらの事由は,「疑わしい」事由だというのである。

たとえば, J が女性であるという理由で公務員採用試験を受験させてもらえなかったり, 女性であるという理由で司法試験を受験させてもらえなかったりすれば, これは「性別」による区別である。支配的な学説の立場では, これは許されない不合理な差別だとされることであろう。

② 精神的自由

一般に精神的自由と呼ばれているものには, 思想・良心の自由 (19条), 信教の自由 (20条), 表現の自由 (21条) などがある。

① **思想・良心の自由** 世界観・政治思想などを理由に不利益を受けたりしないことを意味する。

② **信教の自由** 特定の宗教を信じたり信じないことを理由に不利益を受けたり, 宗教的儀式に参加したり宗教的結社に加わったことを理由に不利益を受けないことを意味する。たとえば, J がエホバの証人の信者で, 事故の後輸血を拒否していたとすると, 公立の病院がその意思を無視して輸血を行えば, 信教の自由の侵害となりうる (なお憲法は, 政府が宗教と結びつくことによって信教の自由が侵害されないよう, 政治と宗教の結びつきを排除する政教分離規定をも置いている。最高裁判所は, 憲法は政治と宗教の関わりをいっさい許さないものではなく, 相当とされる限度を超える関わりのみを禁じており, その限度を超えるものかどうかは, 政府の行為の目的および公開によって判断されるべきだという考え方をとっている)。

③ **表現の自由** 自己の思想や意見を自由に表明する権利をいう。そして表現の自由は思想や意見の表明だけでなく事実の伝達,

つまり「報道」をも含むことが認められているし，さらに情報の
伝達だけでなく，情報の収集あるいは情報の受領も表現の自由に
含まれると考えるべきだと主張されている。どのようなメディア
で表現するかも，自由に決定できる。たとえば，Jの母親が，J
の生命維持装置を取り外してもらいたいと考え，街頭で訴え，署
名を集めたり，同じ思いをもつ人たちと一緒に会を作って，パン
フレットを作成配布したりすることはすべて表現の自由である。

　表現の自由も絶対無制約ではない。しかし，本文で述べたよう
に，表現の自由は民主政プロセスに不可欠な権利であるから，そ
の制約に対して裁判所は厳格な審査を行うべきであり，厳しい基
準をクリアしない限り制約は許されないと考えるべきだとされて
いる。二重の基準論の考え方である。

③ 経済的自由

　22条の職業選択の自由と29条の財産権は，通常併せて経済的
自由と呼ばれる。職業選択の自由には，職業を選ぶ自由と選んだ
職業を営む自由，つまり営業の自由が含まれると考えられている。
経済的自由については，他人の権利利益を害さないように制約が
加えられるだけでなく，みんなが健康で文化的な最低限度の生活
を営むことができるようにするため一定の制約が加えられる。そ
れゆえ精神的自由と比べて制約の度合いは高い。また，一般的に
は経済的自由は民主政プロセスに不可欠な権利とはいえないので，
その制約については立法府を信頼し，その制約には合憲性を推定
して緩やかな審査をすることになっている。

④ 人身の自由

　憲法は，31条以下で主として刑事手続を念頭に置いて，詳細な手続的な権利を保障している。これらの権利は一般に人身の自由を保護したものと捉えられている。これらの権利は，Hが捜査を受け，逮捕起訴され，裁判となったときに問題とされる（⇒第2章）。

⑤ 社会権

　憲法は，25条で健康で文化的な最低限度の生活を営む権利，いわゆる生存権を保障しており，26条は教育を受ける権利を，27条は勤労の権利を，28条は勤労者の基本的人権を保障している。これらの権利は「社会権」と呼ばれている。労働関係や，失業そして貧困は，かつては政府の関心事項ではなく「社会」の問題と捉えられてきた。しかし，19世紀末からの大量の賃金労働者の都市への集中と当時の劣悪な労働条件の下で，しだいにこれらの問題も政府が対処すべき事柄と捉えられるようになった。日本国憲法は，それを憲法上明確にするとともに，これらを国民の基本的人権として保障したものである。

　たとえば，Jの母親が給料の値上げや残業時間の削減を求めて組合に加わってストをするのは28条の勤労者の基本的人権であり，もし解雇され失業した場合失業保険を受けることができるのは27条の権利に根ざしている。生活が苦しくなれば，生存権を保障するために制定された生活保護法により，生活保護を受けることができる。

6 そのほかの権利

そのほか，一般に受益権として国家賠償を求める権利（17条），裁判を受ける権利（32条）が保障されており，能動的権利として選挙権（15条），請願権（16条）などが保障されている。

7 国民の義務

他方，国民には，子どもに普通教育を受けさせる義務（26条），勤労の義務（27条），納税の義務（30条）が憲法上負わされている。12条は権利保持を国民に求めているが，これは道徳的義務にとどまる（⇒220頁＊）。憲法は，公務員には憲法尊重擁護義務を課しているが，国民には課していない。これも，憲法を制定した国民に憲法を守り基本的人権を保持することを法的に義務づけるのではなく，政治道徳的に求めようとしたものである。

　法の実務に携わる人のことを法律家と呼びます（法曹とも呼びます）が，日本では法律家になるには原則として司法試験に合格し，司法研修所で司法修習を受け，最終試験に合格しなければなりません。そして，裁判官，検察官，弁護士のいずれになるかを選択します。裁判官は，憲法で司法権を付与された裁判所において裁判を行う人で，憲法で身分が保障されています。検察官は，検察権を行使する人です。つまり犯罪の捜査を行ったり，公訴を提起したり，裁判では国側にたって処罰を求める人です。弁護士は，弁護士会に所属し，訴訟の代理や交渉などを行う人です。

　これらの法律家をどのように位置づけ，どのように育成するのか国によって異なります。たとえば，アメリカでは，4年制の大学をでた後ロースクールと呼ばれる法科大学院で法律を学び，各州で弁護士試験を受けて弁護士となります。検察官は政府に働く弁護士です。そして弁護士として経験を積んだ人の中から裁判官が任命されます。このような制度を「法曹一元」と呼びます。これに対し日本では，司法修習を終えた段階で裁判官，検察官，弁護士のいずれになるのかを選択します。もちろんその後の移動はありますが，裁判官や検察官はずっとそのまま裁判官や検察官を続けるのが通例です。これをキャリアシステムと呼びます。それぞれの国にそれぞれの理由があるため一概にどれがよいということはできません。しかし，現在の日本のキャリアシステムでは，裁判官は世間から隔離され閉鎖的になりがちですし，そもそも弁護士を含む法律家の数は世界的にみてもあまりにも少なすぎます。法曹人口の拡大が急務となっているというべきでしょう。ようやく司法制度改革の一環として日本でも法科大学院が設置されました。

épilogue

それから数年が過ぎた。

　Jの最後の希望だけはかなえられた。生命維持装置を取り外してもらえる病院を見つけ，転院し，Jはようやく永い眠りにつくことができた。
　「これで，よかったんだよね」
　Jの母親は、部屋に飾られたJの写真を見つめながら，つぶやいた。写真のなかでは，Jは元気に笑っている。Jの部屋も，あの日のままである。いまにも「ただいま」といってJが帰ってきそうな感じがする。だが，あの笑顔は，2度と戻ってはこない。

　「おい，この書類も頼むよ」
　「あ，はい」
　交通刑務所で刑を終えたHは，出所し，小さな事務所でコンピューター入力の仕事をしている。Hは，もう1度人生をやり直そうと必死である。
　もうあの日，あのときに戻ることはできない。大学は，退学になった。就職の内定も取り消された。彼女も去っていった。できることなら，あの日のことは忘れてしまいたい。だが，そうはいかない。
　決して楽な生活ではない。おまけに，収入のなかから，ほそぼそとJの母親への賠償の支払を行っている。

　裁判では事実を否定し，また自分の責任を否定したHであったが，刑に服し，今は自分のしたことを深く反省している。

　だが，Hは落ち込んでいるわけではなかった。昼休みになり，Hは

スマートフォンを取り出し，ラジオ英会話をオンラインで聞きながら，英会話の勉強をはじめた。Hは，いま国連ボランティアに参加しようと思っている。それが，Jの生前の希望だったと聞いた。それを自分でやってみようと思うようになったのだ。それで少しでもJへの償いとなるかもしれない。それが，今のHの支えなのである。

fin

HJ

この本を読んで法律学に興味をもった方，裁判所の判例に興味をもった方，ゼミの報告をしたりレポートを書いたり，試験を受ける方のためのページです。

■ ■ ■ ■ ■ ■ ■ ■ ■ ■ ■

★法律学を学ぶためのツール
　　　──基本的な参考書
★法律学の学び方
★法律や判例を調べるために
★ゼミの報告やレポートのために
★試験を受ける
★法律家をめざす方のために

本書を読んで法律学に興味をもたれた方，法学部で専門科目として法律学を学ばれる方，さらには法科大学院で学ぼうと考えておられる方のためには，さしあたり次のような基本書をすすめます。

刑法では，同じ著者で総論と各論がそろったものとして，団藤重光『刑法綱要総論（第3版）・各論（第3版）』（創文社・1990），中山研一『新版口述刑法総論（補訂2版）・各論（松宮孝明補訂3版）』（成文堂・2007，2014），西田典之（橋爪隆補訂）『刑法総論（第3版）・各論（第7版）』（弘文堂・2019，2018），山口厚『刑法総論（第3版）・各論（第2版）』（有斐閣・2016，2010），松宮孝明『刑法総論講義（第5版補訂版）・各論講義（第5版）』（成文堂・2018，2018），総論のみでは平野龍一『刑法総論Ⅰ・Ⅱ』（有斐閣・1972，1975），浅田和茂『刑法総論（第2版）』（成文堂・2019），各論のみでは中森喜彦『刑法各論（第4版）』（有斐閣・2015）をすすめます。残念ながら，団藤，平野両博士の教科書は，1995年の現代用語化とその後の部分改正に対応していませんが，オリジナリティの豊かさや読者を考えさせようとする姿勢など，今日でも新鮮さを失っていません。また，中山博士の口述シリーズは，各章の冒頭にレジュメを掲示し，口語体で生の講義の雰囲気を伝えるユニークな教科書です。補訂3版により，内容もアップ・ツ・デートなものになりました。山口教授の教科書は，現在の刑法学界における第一人者のものといえます。浅田教授の総論，中森，西田両教授の各論は，新しくかつ豊富な情報をコンパクトにまとめたもので，総論・各論の現在の水準を押さえるのに適しています。松宮の総論は，総論の犯罪体系論を現時点でもう1度体

系的に捉え直そうというもので，刑法学の深さを味わうことができ，各論はさまざまな犯罪規定の沿革を知ることができるものです。

刑事訴訟法では，まず三井誠＝酒巻匡（さかまきただし）『入門刑事手続法（第9版）』（有斐閣・2023）をすすめます。これは，本格的な刑事訴訟法の学習に先立って，まず手続の流れに沿ってその概略と大まかな実態をしっかりおさえるという趣旨にもとづいて書かれています。さらに本格的な勉強に進む方には，光藤景皎（みつどうかげあき）『口述刑事訴訟法上（第2版）・中（補訂版）・下』（成文堂・2000, 2005, 2005），白取祐司『刑事訴訟法（第10版）』（日本評論社・2021），田口守一『刑事訴訟法（第7版）』（弘文堂・2017），上口裕『刑事訴訟法（第5版）』（成文堂・2021）をおすすめしましょう。

民法は，近年，債権法や相続法の分野の改正など，大きな改正が相次いでいます。これらの改正に対応した基本書を使うのがよいでしょう。また，民法は，民法総則，物権法，債権法，親族・相続法という分野にまたがり，また各分野が相互に関連しますので，効果的な学習のためには，まず全体の見取図をつかむことが大切です。本書もそのために使っていただければと思いますが，米倉明『プレップ民法（第5版）』（弘文堂・2018）や野村豊弘『民事法入門（第8版補訂版）』（有斐閣・2022）も，すぐれた入門書です。学習の心構えについても教えられるところが多くあります。また，内田貴『民法改正——契約のルールが百年ぶりに変わる』（ちくま新書・2011）と池田真朗『民法はおもしろい』（講談社現代新書・2012）は，債権法改正を契機に書かれたものですが，広い視野から民法を理解するためにも役立ちます。

次のステップとして，民法を詳しく説明した基本書を用いるこ

とになりますが，民法の全分野をカヴァーするシリーズとしては，有斐閣Ｓシリーズの『民法Ⅰ～Ⅴ』（有斐閣・2012～2019，Ⅰ・Ⅲ・Ⅳ・Ⅴは第4版，Ⅱは第4版補訂）や，日評ベーシック・シリーズの『民法総則（補訂版）』『物権法（第3版）』『担保物権法（第2版）』『債権総論』『契約法』『事務管理・不当利得・不法行為』『家族法（第3版）』（日本評論社・2018～2022）などがあります。前者は学界の重鎮による息の長い教科書，後者は若手中堅による新しい教科書です。自分に合ったものを選ぶとよいでしょう。

　民法の分野ごとにもすぐれた基本書がそろっています。民法の本格的な勉強は民法総則からはじめる方が多いでしょうから，この分野の本を2冊紹介しましょう。四宮和夫＝能見善久『民法総則（第9版）』（弘文堂・2018）と佐久間毅『民法の基礎1総則（第5版）』（有斐閣・2020）です。ともに頭の使い方がしっかりと身につく良書です。前者は，緻密な分析で知られた往年の名著が改訂を重ねて長く読み継がれているものです（初版は1972年）。後者は，かゆいところに手が届くような説明のわかりやすさは群を抜いています（同じ著者による『民法の基礎2物権（第3版）』（2023）も刊行されています）。

　民事訴訟法については，まず，民事に関する手続法を概観するすぐれた入門書として，中野貞一郎『民事裁判入門（第3版補訂版）』（有斐閣・2012）をすすめます。

　民事訴訟法そのものについて，コンパクトに基本を学ぶには山本弘ほか『民事訴訟法（第3版）』（有斐閣・2018），より詳しい教科書としては三木浩一ほか『民事訴訟法（第4版）』（有斐閣・2023）をすすめます。どちらも教育的配慮の行き届いた良書です。

　憲法を勉強したいという方には，まず芦部信喜（高橋和之補訂）

『憲法（第8版）』（岩波書店・2023）をすすめます。憲法学の第1人者で，芦部憲法学ともいえる独自の憲法理論をうち立てた方による入門書です。でも，専門科目として憲法を勉強し，法曹を目指す人にはこれでは足りません。そういう方には，野中俊彦＝中村睦男＝高橋和之＝高見勝利『憲法Ⅰ・Ⅱ（第5版）』（有斐閣・2012）もしくは佐藤幸治『日本国憲法論（第2版）』（成文堂・2020）どちらかをすすめます。ただし前者は，学説の状況を詳しく整理分析してあって便利ですが，あまり独自色はでていません。後者は，佐藤憲法学の体系書で，佐藤教授独特の憲法観を味わっていただけます。もっと下の世代の教科書をみてみたいという方には，長谷部恭男『憲法（第8版）』（新世社・2022）もしくは松井茂記『日本国憲法（第3版）』（有斐閣・2007）をすすめます。前者は，長谷部教授独特の憲法観に裏づけられた新しい憲法学を，後者は支配的な学説とは異なるプロセス的な憲法学を提唱しています。刺激的であることだけは請け合います。

法律学の学び方

法律学はどのように学べばいいのでしょうか。実は，これについてもいろいろな考え方があって，どうすればいいのか一言ではいえません。

　でも，私は，法律学を学ぶというのは，法的なものの考え方を身につけることだと考えています。つまり，人々が生きていくためにはどうしてもモメゴトが起こります。でも，みんなが仲良くやっていくためには，モメゴトがなるべく起きないようにするとともに，モメゴトが起きた場合にはそれが適切かつ迅速に解決されるようにすることが必要です。法というのはそのためにあります。そうしますと，この法という道具には独特な考え方が用いら

れることになります。これがリーガル・リーズニングと呼ばれるものです。これは政治的な議論や経済学の議論とは異なる法独自のものであって，それは法律家に共有されているものの考え方だといえます。ですから，法律学を学ぶというのは，この法律家に共有されているものの考え方を身につけることなのです。

したがって，法律学を学ぶということは実践的な知識を習得するということです。これには早道はありません。基本的な概念とか理論を理解し，判例と学説を理解し，そのうえで自分自身の見解を形成していかなければなりません。大切なことは，ここです。自分の言葉で，法律家に理解してもらえるような筋道で，自分の見解を述べることができること，これが法的なものの考え方が身についたということです。

そのためには，教科書を読む，講義にでる，判例や学説などを補充する，また教科書を読む，そして他の人と議論をしたり，自分の見解を文章にしてみる。その繰り返しが必要です。

法律や判例を調べるために

この本に引用されている法律や判例を知りたいと思ったとき，どのように調べればよいのでしょうか。法律は簡単です。六法と呼ばれる法令集をめくればよいのです。でも，六法にも非常にコンパクトなものから，卓上サイズのものもあり，分厚くてとても持ち運びが困難なものまであります。はじめての人にはコンパクトなものでもかまいません（たとえば，有斐閣の『ポケット六法』）。でも，専門科目として法律学を勉強したり法曹を目指す人は，せめて卓上サイズのものを手に入れましょう（たとえば，有斐閣の『判例六法 Professional』。参考のための判例も収録しており，

便利ですが，試験のときに持込み不可とされる可能性があります。判例付の六法としてはコンパクトな『判例六法』もあります）。そうでないと，せっかく買ってものっていない法律がたくさんでてきてしまいます（司法試験用六法というのもあります。これは司法試験を受ける人専用のものです）。これにのっていない法律は，図書館で分厚い六法をみることにしましょう（有斐閣の『六法全書』）。法律は毎年変わります。やはり六法は最新のものをきちんと買いましょう。お金を惜しんで古いのを使っていると致命傷となることもあります。またインターネットでも法律は検索できます（総務省の e-Gov 法令検索を参照してください。https://elaws.e-gov.go.jp/ search/elawsSearch/elaws_search/lsg0100/）。

判例はやっかいです。とりあえず判例の事実と判旨だけを覚えたいというのであれば，教材として市販されている判例集を買うのが便利です。判例百選とか，なんとか判例集としてでています。解説があるものは便利ですが，事実と判例の筋道がきちんと表示されていることの方が大切です。

でも，ゼミの報告の場合は，やはり判例の原典に当たりましょう。また法科大学院で学ぶためには，事実関係とか判例の趣旨とかを知るために，原典に当たることが不可欠です。最高裁判所の判例集をきちんとみるのが基本です。判例集は，最高裁判所民事判例集（民集）と最高裁判所刑事判例集（刑集）に分かれていて，未製本で届くときには 1 冊のなかで区別されていますが，製本するときに分けて製本されます（これらの判例は，判例集の巻数，号数，そして通し頁数で引用するのが通例です）。これにのっていない判例の場合は，判例時報とか判例タイムズといった市販の判例集をみます。図書館で調べましょう。

インターネットで判例を検索することもできます。裁判所のホームページに判例のデータベースがあります（https://www.courts.go.jp/app/hanrei_jp/search1）。ただこのデータベースに含まれている判例は限られていますので，探している判例が見当たらないこともあります。判例を集めたウェブページもありますが，信頼できるところかどうか注意してください。法学部や法科大学院ではTKCやウェストローとかLEXIS/NEXISといった判例データベースにアクセスが可能な場合があります。アクセスが可能かどうか確認してみましょう。

判例は次から次とでてきます。常に新しい判例に気を配ることが必要です。

| ゼミの報告やレポート
のために |

ゼミであるテーマを与えられたとしましょう。どうやって報告して，レポートを書けばよいでしょうか。これもそれぞれのゼミにしきたりがあります。先輩に聞くのがいちばんです。

でも，だいたいどこでも通用する共通の仕方みたいなものはあります。まず，与えられたテーマについて，参考文献や判例を探さなければなりません。教科書やそこに引用されている文献をみてみましょう。引用されている判例もチェックしましょう。関係する新しい判例や文献がでているかもしれません。文献や判例を検索してみましょう。関係する新しい出来事がないか，新聞記事も検索しましょう。もちろん，判例は（少なくとも主要な判例は）原典に当たるのが礼儀です。

さて，資料を調べたら，それをレポート（レジュメと呼ばれることもあります）にまとめなければなりません。構成は，起承転

結が基本です。問題点を整理して論点を明確にし，その背景について説明したり，なぜそのような問題が生じるのかを考えて，そのうえで判例と学説を整理し，最後に自分の見解を提示する。これがベーシックです。必要な判例が欠けていたり，学説の整理が不十分であったり，自分の見解がきちんと提示されていなければ，よいレポートとはいえません。

　さあ，後は報告です。でも，もし共同の報告者がいれば，お互い話をして，何か勘違いしていないか，資料が十分か確認しておく方がよいでしょう。報告の前には，どんな風に説明するか頭のなかで整理しておくことを勧めます。また，どんな質問がくるか，どんな批判がでるか予想して，こう聞かれたらこう答える，こう批判されたらこう反論すると，心のなかで準備をしておく方がよいと思います。そうすれば，思いがけない質問や批判で報告が沈没してしまわずにすみます。もちろん，そのスキをついて，返答にこまるような質問をし，反論できないような批判を投げかけるのが，ゼミの先生の力量なんですが……。え？　別に報告者をいじめているわけではありません。報告者が気がつかなかった点を気づかせてあげて，報告者の思索を深めてあげることが先生の仕事なのです。ですから，厳しい先生は，生徒思いの先生なんです。ということにしておきましょう。

| 試験を受ける | 試験を受けるためにどんな風に勉強すればよいのでしょうか。 |

　もちろん，ともかく単位を取って卒業したいという方は，たぶんなるべく楽に単位が取れる先生をえらんで講義を受け，なんとか無事に卒業していくでしょう。せいぜい，失敗すれば何年か余

分にかかるだけのことです。楽して卒業する方法を教えてほしい人は先輩に聞いてください。でも，この本を買ってくださった方は，何とかまじめに勉強して試験を受けて単位をもらいたいと思っている方でしょう。そういう方のために，試験を受けるための勉強の仕方について，コツを教えましょう。

　試験だからといって特別なことはありません。教科書を読んで，講義のノートを読み返し，判例集を確認し，理解する。この繰り返しです。でも，試験は特定の論点とかテーマについて問題がでます。基本的な論点やテーマについては，どんな問題がでても，これとこれとこれは書かなければならないというポイントを整理しておくことを勧めます。そうすれば，問題をみたときに考えなくても，書かなければならないことが頭に浮かんできます。複数の論点がくみ合わさっても，それぞれの論点のコンビネーションですから，あわてることはありません。

　多くの先生は，「持ち込み不可」で試験をしますので，必要なことは頭に覚えておかなければなりません。私はたいてい「すべて持ち込み可」で試験をしていますので，いろいろなものをもってくる学生がたくさんいます。どうやら「すべて持ち込み可」だと楽勝だと思われるようです。でも，問題をみてから教科書などを探し回っていては，とても時間が足りなくなってしまいます。「すべて持ち込み可」というのは，「何を持ち込んでも無駄だ」という意味なのですが……。

　試験問題をみたら，まず何が論点なのか，何を書かなければならないのかを考えます。メモ用紙か問題用紙の余白に答案構成を組み立てます。これでほとんど勝負がつきます。きちんと論点を捉えていて，判例や学説など書かなければならないことがきちん

と書かれていること，そしてそのうえで自分の見解がきちんと提示されていること，これがポイントです。

　あとは実際に答案構成にしたがって解答を書くだけです。でも，答案はきれいな字できれいに書きましょう。美しい字でなくてもいいのです。汚い答案や見た目にもごちゃごちゃしている答案は，やはり印象がよくありません。答案は，きちんと番号をつけて，こまめに段落を区切って書きましょう。起訴状ではありませんから，最初から最後まで一文で書くのは論外です。論理が矛盾していたり，あちこち話が飛んでいたり，法律的でないことや余分なことが書かれていれば，やはりマイナスです。「おいしいカレーの作り方」で通してくれる先生は，たぶんもういないと思います。

　解答は時間との闘いです。限られた時間のなかで，いかに必要なことを簡潔かつ明瞭に書くか。これは訓練が必要です。できれば何度も時間を設定して答案を書いてみることをすすめます。友達や先輩に読んでもらうというのもよいでしょう。

法律家をめざす方のために

では，法律家になるためには，どうすればよいのでしょうか。

　法律家になるためには，これまで特別な法律教育を受けることは必要ではなく，司法試験に合格し，司法研修所で司法修習を終えることだけが必要でした。ところが，この旧司法試験は，たいへん厳しい試験で，長い間，毎年500人前後しか合格できませんでした。合格者は少しずつ増えて，2005年の場合4万人ほどの方が受験されて，最終合格者数は約1450人でしたので，合格率は3.6％ほどでした。合格者の平均年齢も29歳前後でした。したがって，大学で法律を勉強しても，なか

なか司法試験には合格できないのが現状でした。そのため，多くの方は，大学在学中からいわゆる司法試験予備校に通い，大学4年間修了後も，留年して大学にとどまりながら，あるいはいわゆる「司法浪人」としてアルバイトなどで生計を補いながら予備校に通って受験を繰り返してきました。やむをえない面もありますが，他方予備校教育の弊害にも無視できないものがありました。また，法律家の数は，他の国と比較してきわめて少なく抑えられてきました。

　そこで，司法制度改革の一環として，法律家の数の拡大が求められ，さらに専門職業的な法律教育の必要性が指摘されて，法曹養成制度が大きく変わりました。2004年には法科大学院が設立され，法律家を目指す学生に専門職業的な法律教育を行うこととなったのです。

　この法科大学院には，大学を卒業してから法科大学院への入学試験を経て入学します（3年の飛び級進学の可能性もあります）。法律家には幅広い教養が必要だとの観点から，法学部だけではなくいろいろな分野で勉強をした人や社会人も積極的に受け入れ，専門職業的な法律教育はこの法科大学院で完結して行われる建前です。そして教育の方法も，これまでの大学の授業のような大人数の講義形式ではなく，双方向的で対話的な少人数教育となります。修業年限は，原則として3年です。

　そしてこの法科大学院を修了し，新たに法科大学院修了者に課される司法試験に合格すれば，司法修習を受けて法律家になれるということになります。この試験は，短答式と論述式による筆記の試験で，受験者全員が両方の試験を同時期に受験するものです。法科大学院修了後5年の間に5回受けられるように改正されまし

た（従来は3回）。法科大学院修了者が全員合格できるわけではなく，実際には平均合格率は23％前後となってしまいましたが，それでも合格率は以前に比べれば遥かによくなっています。旧司法試験は，2011年で廃止となりました。法科大学院にいかなくても予備試験を受けて司法試験に挑戦する可能性が残されていますが，法科大学院が法律家養成の場として主流となることは確実です。

したがって，これから法律を学んで法律家になろうとする方は，法科大学院に進んで法律を勉強することを考える必要があります。法科大学院については，設置認可基準が定められていて，必要な対学生教官数とか最低教官数，必要な単位数などが決められていますが，その具体的な教育の内容や科目はそれぞれの法科大学院の独自の判断にゆだねられています。したがって，法科大学院を選ぶ際には，それぞれの法科大学院の内容をよく比較検討して選ぶ必要があります。法科大学院は大学で法律を全く勉強したことのない方でも入学ができます。

なお，2020年度より，法学部の早期卒業による3年間と法科大学院の2年間（3プラス2）をあわせた5年間の一貫教育によって司法試験合格を目指す，「法曹コース」が各大学において設定されています。

このように法律家になるのはなかなか大変ですが，でも法律家というのは社会にとって不可欠な存在です。ぜひ多くの方に法律家になってほしいと思います。この本を読んで法律家になりたいと思われる方が少しでも増えれば，著者として望外の幸せです。

本書を読むために

＊法令略語
憲………憲　法
民………民　法
民訴……民事訴訟法
刑………刑　法
刑訴……刑事訴訟法

＊判　例
最判（決）……最高裁判所判決（決定）
最大判（決）…最高裁判所大法廷判決（決定）
高判……高等裁判所判決
地判……地方裁判所判決
大判……大審院判決

＊判 例 集
民集……最高裁判所民事判例集
民集……大審院民事判例集
民録……大審院民事判決録
下民集…下級裁判所民事裁判例集
刑集……最高裁判所刑事判例集
刑録……大審院刑事判決録
判時……判例時報

著者紹介

松 井　茂 記 (まつい　しげのり)

現在，ブリティッシュコロンビア大学ピーター・A・アラード・スクール・オブ・ロー教授・大阪大学名誉教授。

1955 年生まれ。

1980 年　京都大学大学院修士課程修了。

主　　著　『日本国憲法（第 3 版）』(有斐閣, 2007),『LAW IN CONTEXT 憲法』(有斐閣, 2010),『情報公開法（第 2 版）』(有斐閣, 2003),『インターネット法』(共編, 有斐閣, 2015),『基本的人権の事件簿（第 6 版）』(共著, 有斐閣, 2019)

執筆担当　第 6 章，第 7 章，*Help, Break*

松 宮　孝 明 (まつみや　たかあき)

現在，立命館大学大学院法務研究科教授。

1958 年生まれ。

1985 年　京都大学大学院博士課程学修退学。

主　　著　『刑法総論講義（第 5 版補訂版）』(成文堂, 2018),『刑法各論講義（第 5 版）』(成文堂, 2018),『過失犯論の現代的課題』(成文堂, 2004),『刑事立法と犯罪体系』(成文堂, 2003),『刑事過失論の研究（補正版）』(成文堂, 2004),『先端刑法総論』(日本評論社, 2019)

執筆分担　第 1 章，第 2 章

曽 野　裕 夫 (その　ひろお)

現在，北海道大学大学院法学研究科教授。

1964 年生まれ。

1994 年　北海道大学大学院博士後期課程単位取得退学。

主　　著　『民法 IV 契約』(共著, 有斐閣, 2021), "Contract Law in Japan"(共著, Kluwer Law International, 2019),『事例から民法を考える』(共著, 有斐閣, 2014),『事例で学ぶ民法演習』(共著, 成文堂, 2014),『民法 Visual Materials（第 3 版）』(共著, 有斐閣, 2021),『私法統一の現状と課題』(共著, 商事法務, 2013),『UNIDROIT 国際商事契約原則 2016』(共訳, 商事法務, 2020)

執筆分担　第 3 章，第 4 章，第 5 章

（ épisode ）3　さいごの願い

第6章　**法を決めるのは誰か――憲法 統治機構の基礎**

第7章　多数者でも侵害することのできない権利 ――憲法 基本的人権の基礎

épilogue

Help

第6版あとがき

　第5版を出版してから3年が経ち，こうして第6版を出版することができました。これで，この本の初版が出版されてからちょうど20年ということになります。ひとつの物語をきっかけにして，法律の世界の基本的な枠組みを学んでもらえればという私たちの願いが，多くの方に受け入れられ，こうして長く読み続けてきていただけたことを大変うれしく思います。

　第6版でも，第5版以降に新たに制定された法律や法改正，新しい判例に照らし合わせて，必要な修正を行いました。でも，この本の狙いも全体の構成も変わってはいません。これまでと同様，この本を多くの方に利用していただき，法律の世界の基礎を学ぶための手助けとなってくれることを願っています。

　この第6版の出版に際しては，有斐閣書籍編集部の藤本依子さんと井植孝之さんのお世話になりました。ここで感謝したいと思います。

　2020年 初春

筆 者 一 同

　私たちの生活は，実はすみずみまで法律によって支えられています。アパートの貸し借りから，日常の通学から買い物も，車の運転から大学での勉強も，すべて法律の枠組みの中で可能になるものです。でも，日常の生活の中では，そういった法律のはたしている役割について気にとめることは，ほとんどないでしょう。ところが，この本の2人の主人公HとJのように，何かあったときには，その法律の存在が突如として私たちの目の前に意識されるようになります。

　この本は，このHとJという，どこにでもいるごく普通の2人の大学生を通して，この私たちの生活を支えている法律の枠組みを説明しようとするものです。この本は，「法学入門」といった大学1年生・2年生のための講義の教科書として，あるいは演習などの教材として使ってもらうことが期待されています。したがって，この本の目的は，大学の法学部などで法律を学ぼうとしている大学生の皆さんに，HとJの2人のドラマを通して，これから学ぶことになる刑法，刑事訴訟法，民法，民事訴訟法，憲法の基礎理論のさわりを知ってもらうことです。でも，それ以外の方に読んでいただいても，この本は法律学の基本を学ぶためにきっと役に立ってくれるでしょう。

　HにとってもJにとっても，ほんの一瞬のできごとが，それまでの人生を大きく変えてしまいました。人生はときとしてとても残酷なものです。できれば，もっとバラ色のラブ・ストーリーで法律を概説したかったのですが，残念ながらバラ色のラブ・スト

ーリーには法律は不要でした。でも，交通事故はだれにでもおき
うるものです。今この本を読んでいるあなたが，Hかもしれませ
んし，Jなのかもしれません。だからこそ，HとJは，あなた
が法律を学ぶ支えになってくれることでしょう（なお，読みやす
くするため，カタカナ表記の条文もひらがなで表記されています）。

　この本の出版にあたっては，有斐閣編集部の満田康子さん，藤
本依子さんのお世話になりました。何か新しいアイデアで法学入
門を書いてみようという「遊び心」をこうして実現できたのも，
この2人のおかげです。ここに記して感謝したいと思います。

2000年 春

著 者 一 同

さ く い ん

ARMA

はじめての法律学〔第6版〕 有斐閣アルマ

2000 年 3 月 30 日	初 版第 1 刷発行
2004 年 3 月 30 日	補訂 版第 1 刷発行
2005 年 3 月 20 日	補訂 2 版第 1 刷発行
2006 年 3 月 30 日	第 2 版第 1 刷発行
2010 年 12 月 20 日	第 3 版第 1 刷発行
2013 年 2 月 10 日	第 3 版補訂版第 1 刷発行
2014 年 3 月 15 日	第 4 版第 1 刷発行
2017 年 4 月 10 日	第 5 版第 1 刷発行
2020 年 3 月 30 日	第 6 版第 1 刷発行
2024 年 1 月 20 日	第 6 版第 5 刷発行

	まつ い しげ のり
	松 井 茂 記
	まつ みや たか あき
著 者	松 宮 孝 明
	そ の ひろ お
	曽 野 裕 夫
発 行 者	江 草 貞 治
発 行 所	株式会社 有 斐 閣

郵便番号 101-0051
東京都千代田区神田神保町 2-17
http://www.yuhikaku.co.jp/

印刷・株式会社精興社／製本・大口製本印刷株式会社
© 2020, 松井茂記・松宮孝明・曽野裕夫. Printed in Japan
落丁・乱丁本はお取替えいたします。

★定価はカバーに表示してあります

ISBN 978-4-641-22160-4